기도하는 아이들 ❸

기도하는 아이들 - 3권

지은이 | 한국 기도하는 엄마들(MIP KOREA)
초판발행 | 2019. 8. 1.
2쇄 | 2022. 3. 17.
등록번호 | 제1988-000080호
등록된 곳 | 서울특별시 용산구 서빙고로65길 38
발행처 | 사단법인 두란노서원
영업부 | 2078-3352 fax | 080-749-3705
출판부 | 2078-3331

책 값은 뒤표지에 있습니다.
ISBN 978-89-531-3576-5 04230
       978-89-531-2807-1 04230(세트)

＊독자의 의견을 기다립니다.
tpress@duranno.com   http://www.Duranno.com

ⓒ 저자와의 협약 아래 인지는 생략되었습니다.
이 출판물은 저작권법에 의해 보호를 받는 저작물이므로 무단 전재와 무단 복제, 무단 사용을 할 수 없습니다. 이를 어길 시 법적 조치를 할 수 있음을 알려드립니다.

두란노서원은 바울 사도가 3차 전도여행 때 에베소에서 성령 받은 제자들을 따로 세워 하나님의 말씀으로 양육하던 장소입니다. 사도행전 19장 8~20절의 정신에 따라 첫째 목회자를 돕는 사역과 평신도를 훈련시키는 사역, 둘째 세계선교(TIM)와 문서선교(단행본·잡지)사역, 셋째 예수문화 및 경배와 찬양 사역, 그리고 가정·상담 사역 등을 감당하고 있습니다. 1980년 12월 22일에 창립된 두란노서원은 주님 오실 때까지 이 사역들을 계속할 것입니다.

Children In Prayer

기도하는 아이들 ③

한국 기도하는 엄마들(MIP KOREA) 지음

두란노

Moms In Prayer(기도하는 엄마들)은 전 세계 145개국 엄마들이 동참하고 있는 국제적인 기도운동 단체이다. 1984년 펀 니콜스(Fern Nicols)라는 캐나다의 한 평범한 엄마로부터 시작되어 현재 미국에 국제 본부가 있다.

한국 기도하는 엄마들(MIP KOREA)은 1998년 한국에 소개된 이후 지금까지 전국 곳곳에 기도하는 엄마들을 일으키고 있으며, 단순히 자기 자녀와 학교를 위해 기도하는 것을 넘어 한국교회와 다음세대까지 그 지경을 넓혀 중보자들을 세우고 있다.

기도하는 엄마들의 목적은 엄마들이 모여 함께 자녀들을 위해 기도함으로 그들을 몸소 지키며, 자녀들의 학교가 성경적 가치와 높은 도덕적 기준으로 지도할 수 있게 중보 하는 것이다. MIP 기도의 특징은 말씀을 묵상하고 말씀에 근거하여 대화식으로 드리는 합심기도다.

Arise & Cry Out, MOMS!

"초저녁에 **일어나 부르짖을지어다.**
네 마음을 주의 얼굴 앞에 물 쏟듯 할지어다.
각 길 어귀에서 주려 기진한
네 어린 자녀들의 생명을 위하여
주를 향하여 손을 들지어다." (예레미야애가 2:19)

한국 기도하는 엄마들 홈페이지 www.mip.or.kr

목 차

인사말		6
CIP 주제가		7
비전선언문 및 핵심 성경구절		8
강의안		9
	사랑의 하나님	14
	용서하시는 하나님	18
	인도자 되시는 하나님	22
	능력의 하나님	26
chapter 1	우리와 함께 계신 하나님: 임마누엘	30
chapter 2	하나님의 어린양 예수: 암노스	34
chapter 3	그 이름 예수: 자기 백성을 그들의 죄에서 구원하실 자	38
chapter 4	나사렛 예수	42
chapter 5	더 좋은 언약의 보증 예수	46
chapter 6	중보자 예수	50
chapter 7	구원의 반석 예수	54
chapter 8	세상의 빛 예수	58
chapter 9	참 포도나무 예수: 암펠로스	62
chapter 10	유월절 희생양 예수: 페사흐	66
chapter 11	영생수 예수	70
chapter 12	주 예수: 큐리오스	74
chapter 13	구유에 나신 예수	78
chapter 14	푯대 예수: 스코포스	82
chapter 15	선한 목자 예수	86
chapter 16	구세주 예수	90
chapter 17	평강의 왕 예수	94
chapter 18	교회의 머리 예수	98
chapter 19	하나님의 종 예수: 둘로스	102
chapter 20	부활의 주 예수	106
chapter 21	심판주 예수	110
chapter 22	창시자 예수: 아르케오스	114
chapter 23	견고한 망대이신 하나님: 믹달오즈	118
chapter 24	살아 계신 하나님: 엘 차이	122
복음전도문		126

인사말

주여! 기도하는 아이들을 일으키소서!

어린아이들이 힘껏 찬양하고, 말씀 들으며, 두 손 모아 기도하는 모습을 보는 것은 우리 모두의 기쁨이요 소망입니다. 하지만 때때로 우리도 모르게 "이 어린 아이들이 찬양을 하면 얼마나, 기도를 하면 얼마나 하겠나" 하며 평가절하할 때가 있는 것 같습니다. 세상과 같은 보편적 시각으로 아이들을 어리다 무시하는 것입니다.

우리가 보기에는 한낱 연약한 어린아이에 불과한 이들이 얼마나 대단한 중보자인지를 시편 8편 2절은 말씀하고 있습니다.

"주의 대적으로 말미암아 어린 아이들과 젖먹이들의 입으로 권능을 세우심이여 이는 원수들과 보복자들을 잠잠하게 하려 하심이니이다"

이는 주께서 어린 아이들과 젖먹이들의 입에 권능을 주사 이들로 말미암아 대적과 원수들을 잠잠하게 하신다는 것입니다.

사탄이 다음세대와 이 땅의 학교들을 삼키려고 우는 사자같이 달려드는 이때에, 말씀으로 무장한 아이들이 하나님을 찬양하며 함께 기도한다면, 약속하신 대로 대적과 원수들을 잠잠케 하시는 하나님의 역사를 보게 되리라 확신합니다.

말씀 기도 훈련인 CIP(Children In Prayer)를 통해 복음으로 무장한 다음세대가 이 땅 가운데 불같이 일어나기를 기대하며, 이 일을 위해 이 책이 널리 쓰임 받게 되기를 간절히 기도합니다.

한국 기도하는 엄마들 대표
황숙영 사모 (부산 수영로교회)

CIP 주제가

기도하는 아이들

주제성구 시 8:2
Words & music by 황숙영 윤주형

copyright(c) 2016 황숙영 윤주형 All rights reserved. Used by permission.

비전선언문 및 핵심 성경구절

비전선언문

우리의 비전은
말씀과 기도로 무장한
강력한 복음의 용사가 되는 것이다

핵심 성경구절

주의 대적으로 말미암아 어린 아이들과
젖먹이들의 입으로 권능을 세우심이여 이는 원수들과
보복자들을 잠잠하게 하려 하심이니이다

시편 8편 2절

강의안

CIP 기도는?

> 말씀기도
> +
> 4단계 대화식 합심(=짝)기도

CIP 4단계는?

> 1단계 ➡ 찬양
>
> 2단계 ➡ 고백
>
> 3단계 ➡ 감사
>
> 4단계 ➡ 중보

1단계 : 찬양

• 찬양 방법

1) 말씀 안에서 하나님이 어떤 분이신지 찾는다.
2) "하나님은 _____ 분이시다"라고 쓴다.
3) "_____ 이신 하나님을 찬양합니다!"라고 선포한다.

• 말씀 찬양 : 말씀으로 찬양하기

이사야 14:24
만군의 여호와께서 맹세하여 이르시되 / 내가 생각한 것이 반드시 되며 / 내가 경영한 것을 반드시 이루리라. 아멘!

- 만군의 여호와 하나님을 찬양합니다. 아멘!
- 생각하신 것을 반드시 되게 하시는 하나님을 찬양합니다. 아멘!
- 경영하시는 것을 반드시 이루시는 하나님을 찬양합니다. 아멘!

신명기 32:10
여호와께서 그를 황무지에서, 짐승이 부르짖는 광야에서 만나시고 / 호위하시며 보호하시며 / 자기의 눈동자 같이 지키셨도다. 아멘!

- 우리를 황무지에서, 짐승이 부르짖는 광야에서 만나 주시는 하나님을 찬양합니다. 아멘!
- 우리를 호위하시며 보호해 주시는 하나님을 찬양합니다. 아멘!
- 우리를 자기 눈동자같이 지키시는 하나님을 찬양합니다. 아멘!

로마서 8:34
누가 정죄하리요 죽으실 뿐 아니라 다시 살아나신 이는 그리스도 예수시니 / 그는 하나님 우편에 계신 자요 / 우리를 위하여 간구하시는 자시니라. 아멘!

- 죽으셨다가 다시 살아나신 그리스도 예수님을 찬양합니다. 아멘!
- 하나님 우편에 계신 예수님을 찬양합니다. 아멘!
- 우리를 위하여 간구하시는 예수님을 찬양합니다. 아멘!

2단계 : 고백

- CIP 기도에서는 조용히 침묵하는 가운데 나의 죄를 고백한다.

3단계 : 감사

- 하나님이 기도에 응답하신 것들에 대해 감사기도한다.
- CIP 감사기도는 기도 짝이 기도하는 내용을 잘 듣고 동의 기도를 한다.

> 예) 지오를 위한 감사기도
>
> 지오 : 하나님! 저를 아프지 않고 **건강하게** 해주셔서 감사합니다. 아멘!
> 한이 : 지오를 항상 안전하고 **건강하게** 지켜 주셔서 감사합니다. 아멘!
>
> 지오 : 함께 예배하고 찬양하는 좋은 **친구를** 주셔서 감사합니다. 아멘!
> 한이 : 지오에게 하나님께 함께 나아가는 믿음의 **친구를** 주셔서 감사합니다. 아멘!

4단계 : 중보

- **중보기도**

  : 다른 사람을 위해 하나님께 기도하는 것으로, 최고의 중보기도는 영혼 구원을 위한 기도이다.

- **말씀으로 기도하기**

  : 성경 말씀 안에 자신과 다른 사람(짝/친구)의 이름을 넣고 기도한다. → **성구기도**

1. 성구기도 (○○ : 내 이름/친구 이름)

   > 여호와여 ○○의 죄와 허물을 기억하지 마시고 주의 인자하심을 따라 ○○를 기억하시되 주의 선하심으로 하옵소서. 여호와는 선하시고 정직하시니 그러므로 그의 도로 ○○를 교훈하옵소서(시편 25:7-8) 아멘!

2. 구체적인 기도 (○○ : 나/친구를 위한 구체적인 기도), 이때 짝의 기도에 동의기도한다.

   > 예)
   >
   > **나(한이) :** 하나님! 저에게 의지력을 주셔서 **줄넘기를** 매일 할 수 있게 해주세요. 아멘!
   > **친구 :** 한이가 꾸준히 **줄넘기를** 해서 키도 자라고 몸도 튼튼해지게 해주세요. 아멘!
   >
   > **나(한이) :** 방학 동안 부족한 공부를 잘 보충하도록 저에게 **지혜를 주세요.** 아멘!
   > **친구 :** 한이가 부족했던 공부를 열심히 할 수 있게 **지혜를 주세요.** 아멘!
   >
   > **나(한이) :** 하나님! 매일 하는 큐티를 통해 아침부터 밤까지 **말씀대로 살 수 있게** 해주세요. 아멘!
   > **친구 :** 큐티로 하루를 시작하고 그 **말씀대로 행하는** 한이가 되게 해주세요. 아멘!

3. 학교선생님을 위한 성구기도(예수님을 믿지 않는 선생님/믿는 선생님)

4. 나의 가정과 학교, 교회(교회학교와 부서)와 나라를 위해 기도합니다.

Children In Prayer

사랑의 하나님

찬양 (8분)

이제 사랑의 하나님을 선포하고 고백하며 찬양하겠습니다.

| 함께 해요 | 우리의 아버지 되시는 하나님은 죄에 빠진 우리를 포기하지 않고, 용서하며 기다리시는 분입니다. 때로 하나님이 하시는 꾸지람은 우리가 잘못된 길로 가지 않기를 바라시는 사랑의 회초리임을 기억합시다. 우리를 먼저 사랑하신 하나님이 죽음으로까지 그 사랑을 보여 주셨는데, 그것은 바로 예수님이 우리를 위하여 십자가에서 죽으신 사랑입니다. 사랑의 하나님에 관한 말씀을 읽어 봅시다.

- **요한복음 3:16** 하나님이 세상을 이처럼 사랑하사 독생자를 주셨으니 이는 그를 믿는 자마다 멸망하지 않고 영생을 얻게 하려 하심이라

- **요한일서 4:10** 사랑은 여기 있으니 우리가 하나님을 사랑한 것이 아니요 하나님이 우리를 사랑하사 우리 죄를 속하기 위하여 화목 제물로 그 아들을 보내셨음이라

- **요한일서 4:16** 하나님이 우리를 사랑하시는 사랑을 우리가 알고 믿었노니 하나님은 사랑이시라 사랑 안에 거하는 자는 하나님 안에 거하고 하나님도 그의 안에 거하시느니라

그런 하나님을 찬양합니다. 아멘!

고백 (2-3분)
내가 죄를 품고 있으면 하나님은 나의 기도를 듣지 않으세요. 이 시간은 조용히 나의 죄를 고백하는 기도를 하겠습니다.

만일 내가 죄를 고백하면 하나님께서는 신실하시고 의로우심으로 내 죄를 용서하시고 깨끗하게 하신다고 말씀하셨습니다. 이 말씀대로 나의 죄가 예수님의 보혈로 깨끗하게 씻겼음을 믿습니다. 성령님, 이제 나를 온전히 다스리시고 성령으로 충만하게 해주세요. 또한 구하는 자에게 성령 충만을 주신다는 것을 믿고 감사드립니다.

감사 (5분)
이 시간은 하나님이 기도 응답을 해주신 것에 대하여 감사기도 드리겠습니다.

나 _____를 위한 감사	친구 _____를 위한 감사

그렇게 하신 하나님께 감사합니다. 아멘!

중보(10분)
이 시간은 나와 다른 사람들(가족, 친구, 선생님, 교회, 학교, 나라)을 위해 기도하겠습니다.

1. 성구기도

성구기도는 성경 말씀으로 하는 기도입니다. 성경 말씀에 이름을 넣어 기도해 봅시다. 먼저 나의 이름을 넣어 선포한 다음, 친구의 이름을 넣어 선포하겠습니다.

"능히 모든 성도와 함께 지식에 넘치는 그리스도의 사랑을 알고 그 너비와 길이와 높이와 깊이가 어떠함을 깨달아 하나님의 모든 충만하신 것으로 _____에게 충만하게 하시기를 구하노라"(에베소서 3:18-19)

2. 구체적인 기도

나 _____를 위한 구체적인 기도 제목	친구 _____를 위한 구체적인 기도 제목

그렇게 하실 하나님을 기대합니다. 아멘!

3. 학교 선생님을 위한 성구기도

예수님을 믿지 않는 학교 선생님을 위한 기도

_____선생님의 눈을 열어 주셔서 어두움에서 빛으로, 사탄의 권세에서 하나님께로 돌아오게 하시고, 죄사함과 예수를 믿어 거룩하게 된 무리 가운데서 기업을 얻게 하옵소서. (사도행전 26:18)

예수님을 믿는 학교 선생님을 위한 기도

평강의 하나님이 모든 선한 일에 _____선생님을 온전케 하사 주님의 뜻을 행하게 하시고 그 앞에 즐거운 것을 예수 그리스도로 말미암아 우리들 속에 이루는 축복의 통로가 되게 하옵소서. (히브리서 13:21)

4. 영역별 중보기도

가정	
학교	
교회	
나라	

마무리

오늘도 사랑의 하나님을 더 깊이 알아 갈 수 있도록
우리의 기도를 이끌어 주신 하나님께 감사와 찬양과 영광을 올려드리며
예수님의 이름으로 기도드립니다. 아멘.

Children In Prayer

용서하시는 하나님

찬양(8분)

이제 용서하시는 하나님을 선포하고 고백하며 찬양하겠습니다.

| 함께 해요 | 우리는 용서하고 싶지 않은 나의 고집 때문에 다른 사람을 향해 싫은 마음을 품고 삽니다. 그러나 용서하지 못하는 마음을 품는 것은 목에 무겁고 고통스러운 돌덩이를 걸고 있는 것처럼 스스로를 괴롭게 하는 것이에요. 용서가 어려울 때 우리를 용서하기 위해 값을 치르신 예수님을 기억하세요. 예수님이 용서의 힘을 주실 것입니다. 지금 내가 용서할 사람이 있습니까? 그렇다면 용서를 통하여 기쁨을 누려 보세요. 용서하시는 하나님에 관한 말씀을 읽어 봅시다.

- 에베소서 1:7 우리는 그리스도 안에서 그의 은혜의 풍성함을 따라 그의 피로 말미암아 속량 곧 죄 사함을 받았느니라

- 요한일서 1:9 만일 우리가 우리 죄를 자백하면 그는 미쁘시고 의로우사 우리 죄를 사하시며 우리를 모든 불의에서 깨끗하게 하실 것이요

- 역대하 7:14 내 이름으로 일컫는 내 백성이 그들의 악한 길에서 떠나 스스로 낮추고 기도하여 내 얼굴을 찾으면 내가 하늘에서 듣고 그들의 죄를 사하고 그들의 땅을 고칠지라

그런 하나님을 찬양합니다. 아멘!

고백(2-3분)
내가 죄를 품고 있으면 하나님은 나의 기도를 듣지 않으세요. 이 시간은 조용히 나의 죄를 고백하는 기도를 하겠습니다.

만일 내가 죄를 고백하면 하나님께서는 신실하시고 의로우심으로 내 죄를 용서하시고 깨끗하게 하신다고 말씀하셨습니다. 이 말씀대로 나의 죄가 예수님의 보혈로 깨끗하게 씻겼음을 믿습니다. 성령님, 이제 나를 온전히 다스리시고 성령으로 충만하게 해주세요. 또한 구하는 자에게 성령 충만을 주신다는 것을 믿고 감사드립니다.

감사(5분)
이 시간은 하나님이 기도 응답을 해주신 것에 대하여 감사기도 드리겠습니다.

나 _____를 위한 감사	친구 _____를 위한 감사

그렇게 하신 하나님께 감사합니다. 아멘!

중보 (10분)
이 시간은 나와 다른 사람들(가족, 친구, 선생님, 교회, 학교, 나라)을 위해 기도하겠습니다.

1. 성구기도

성구기도는 성경 말씀으로 하는 기도입니다. 성경 말씀에 이름을 넣어 기도해 봅시다. 먼저 나의 이름을 넣어 선포한 다음, 친구의 이름을 넣어 선포하겠습니다.

"_____은(는) 모든 악독과 노함과 분냄과 떠드는 것과 비방하는 것을 모든 악의와 함께 버리고 서로 친절하게 하며 불쌍히 여기며 서로 용서하기를 하나님이 그리스도 안에서 _____을(를) 용서하심과 같이 하라"(에베소서 4:31-32)

2. 구체적인 기도

나 _____를 위한 구체적인 기도 제목	친구 _____를 위한 구체적인 기도 제목

그렇게 하실 하나님을 기대합니다. 아멘!

3. 학교 선생님을 위한 성구기도

예수님을 믿지 않는 학교 선생님을 위한 기도

_____선생님의 눈을 열어 주셔서 어두움에서 빛으로, 사탄의 권세에서 하나님께로 돌아오게 하시고, 죄사함과 예수를 믿어 거룩하게 된 무리 가운데서 기업을 얻게 하옵소서. (사도행전 26:18)

예수님을 믿는 학교 선생님을 위한 기도

평강의 하나님이 모든 선한 일에 _____선생님을 온전케 하사 주님의 뜻을 행하게 하시고 그 앞에 즐거운 것을 예수 그리스도로 말미암아 우리들 속에 이루는 축복의 통로가 되게 하옵소서. (히브리서 13:21)

4. 영역별 중보기도

가정	
학교	
교회	
나라	

마무리

오늘도 용서하시는 하나님을 더 깊이 알아 갈 수 있도록
우리의 기도를 이끌어 주신 하나님께 감사와 찬양과 영광을 올려드리며
예수님의 이름으로 기도드립니다. 아멘.

Children In Prayer

인도자 되시는 하나님

찬양(8분)
이제 인도자 되시는 하나님을 선포하고 고백하며 찬양하겠습니다.

| 함께 해요 | 학교와 교회 생활 가운데 나름대로 개인의 목표를 가지고 열심히 하지만 때때로 힘든 순간이 찾아옵니다. 포기하고 싶고 모든 것이 어렵게 느껴지기도 합니다. 하지만 하나님은 우리 각 개인을 향한 계획을 가지고 계십니다. 우리는 하나님이 자녀 된 우리를 인도하겠다고 약속하신 말씀에 확신을 가져야 합니다. 우리의 인도자 되시는 하나님을 기꺼이 따르고 순종하는 겸손한 마음을 우리 가운데 주시기를 기도합시다. 인도자 되시는 하나님에 관한 말씀을 읽어 봅시다.

- **이사야 58:11** 여호와가 너를 항상 인도하여 메마른 곳에서도 네 영혼을 만족하게 하며 네 뼈를 견고하게 하리니 너는 물 댄 동산 같겠고 물이 끊어지지 아니하는 샘 같을 것이라

- **이사야 48:17** 너희의 구속자시요 이스라엘의 거룩하신 이이신 여호와께서 이르시되 나는 네게 유익하도록 가르치고 너를 마땅히 행할 길로 인도하는 네 하나님 여호와라

- **출애굽기 13:21** 여호와께서 그들 앞에서 가시며 낮에는 구름 기둥으로 그들의 길을 인도하시고 밤에는 불 기둥을 그들에게 비추사 낮이나 밤이나 진행하게 하시니

그런 하나님을 찬양합니다. 아멘!

고백(2-3분)

내가 죄를 품고 있으면 하나님은 나의 기도를 듣지 않으세요. 이 시간은 조용히 나의 죄를 고백하는 기도를 하겠습니다.

만일 내가 죄를 고백하면 하나님께서는 신실하시고 의로우심으로 내 죄를 용서하시고 깨끗하게 하신다고 말씀하셨습니다. 이 말씀대로 나의 죄가 예수님의 보혈로 깨끗하게 씻겼음을 믿습니다. 성령님, 이제 나를 온전히 다스리시고 성령으로 충만하게 해주세요. 또한 구하는 자에게 성령 충만을 주신다는 것을 믿고 감사드립니다.

감사(5분)

이 시간은 하나님이 기도 응답을 해주신 것에 대하여 감사기도 드리겠습니다.

나 _____를 위한 감사	친구 _____를 위한 감사

그렇게 하신 하나님께 감사합니다. 아멘!

중보(10분)
이 시간은 나와 다른 사람들(가족, 친구, 선생님, 교회, 학교, 나라)을 위해 기도하겠습니다.

1. 성구기도

성구기도는 성경 말씀으로 하는 기도입니다. 성경 말씀에 이름을 넣어 기도해 봅시다. 먼저 나의 이름을 넣어 선포한 다음, 친구의 이름을 넣어 선포하겠습니다.

"여호와가 _____을(를) 항상 인도하여 메마른 곳에서도 네 영혼을 만족하게 하며 네 뼈를 견고하게 하리니 _____은(는) 물 댄 동산 같겠고 물이 끊어지지 아니하는 샘 같을 것이라"(이사야 58:11)

2. 구체적인 기도

나 _____를 위한 구체적인 기도 제목	친구 _____를 위한 구체적인 기도 제목

그렇게 하실 하나님을 기대합니다. 아멘!

3. 학교 선생님을 위한 성구기도

예수님을 믿지 않는 학교 선생님을 위한 기도

_____선생님의 눈을 열어 주셔서 어두움에서 빛으로, 사탄의 권세에서 하나님께로 돌아오게 하시고, 죄사함과 예수를 믿어 거룩하게 된 무리 가운데서 기업을 얻게 하옵소서. (사도행전 26:18)

예수님을 믿는 학교 선생님을 위한 기도

평강의 하나님이 모든 선한 일에 _____선생님을 온전케 하사 주님의 뜻을 행하게 하시고 그 앞에 즐거운 것을 예수 그리스도로 말미암아 우리들 속에 이루는 축복의 통로가 되게 하옵소서. (히브리서 13:21)

4. 영역별 중보기도

가정	
학교	
교회	
나라	

마무리

오늘도 인도자 되시는 하나님을 더 깊이 알아 갈 수 있도록
우리의 기도를 이끌어 주신 하나님께 감사와 찬양과 영광을 올려드리며
예수님의 이름으로 기도드립니다. 아멘.

Children In Prayer

능력의 하나님

찬양(8분)

이제 능력의 하나님을 선포하고 고백하며 찬양하겠습니다.

| 함께 해요 | 하나님은 무슨 일이든 행하실 수 있는 능력의 하나님이세요. 가정에서나 학교에서 내가 어떤 힘든 일을 하게 될지라도 하나님은 권세와 힘으로 나를 도우실 능력을 갖고 계십니다. 진실로 하나님은 그의 크신 능력으로 나와 함께 하세요. 하나님의 능력에 관한 말씀을 읽어 봅시다.

- **역대상 29:12** 부와 귀가 주께로 말미암고 또 주는 만물의 주재가 되사 손에 권세와 능력이 있사오니 모든 사람을 크게 하심과 강하게 하심이 주의 손에 있나이다

- **시편 89:13** 주의 팔에 능력이 있사오며 주의 손은 강하고 주의 오른손은 높이 들리우셨나이다

- **이사야 40:26** 너희는 눈을 높이 들어 누가 이 모든 것을 창조하였나 보라 주께서는 수효대로 만상을 이끌어 내시고 그들의 모든 이름을 부르시나니 그의 권세가 크고 그의 능력이 강하므로 하나도 빠짐이 없느니라

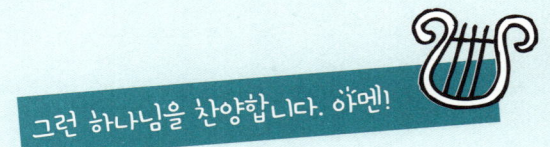

고백 (2-3분)

내가 죄를 품고 있으면 하나님은 나의 기도를 듣지 않으세요. 이 시간은 조용히 나의 죄를 고백하는 기도를 하겠습니다.

만일 내가 죄를 고백하면 하나님께서는 신실하시고 의로우심으로 내 죄를 용서하시고 깨끗하게 하신다고 말씀하셨습니다. 이 말씀대로 나의 죄가 예수님의 보혈로 깨끗하게 씻겼음을 믿습니다. 성령님, 이제 나를 온전히 다스리시고 성령으로 충만하게 해주세요. 또한 구하는 자에게 성령 충만을 주신다는 것을 믿고 감사드립니다.

감사 (5분)

이 시간은 하나님이 기도 응답을 해주신 것에 대하여 감사기도 드리겠습니다.

나 _____ 를 위한 감사	친구 _____ 를 위한 감사

그렇게 하신 하나님께 감사합니다. 아멘!

중보(10분)

이 시간은 나와 다른 사람들(가족, 친구, 선생님, 교회, 학교, 나라)을 위해 기도하겠습니다.

1. 성구기도

성구기도는 성경 말씀으로 하는 기도입니다. 성경 말씀에 이름을 넣어 기도해 봅시다. 먼저 나의 이름을 넣어 선포한 다음, 친구의 이름을 넣어 선포하겠습니다.

"끝으로 _____(이)가 주 안에서와 그 힘의 능력으로 강건하여지고 마귀의 간계를 능히 대적하기 위하여 하나님의 전신 갑주를 입으라"(에베소서 6:10-11)

2. 구체적인 기도

나 _____를 위한 구체적인 기도 제목	친구 _____를 위한 구체적인 기도 제목

그렇게 하실 하나님을 기대합니다. 아멘!

3. 학교 선생님을 위한 성구기도

예수님을 믿지 않는 학교 선생님을 위한 기도

_____선생님의 눈을 열어 주셔서 어두움에서 빛으로, 사탄의 권세에서 하나님께로 돌아오게 하시고, 죄사함과 예수를 믿어 거룩하게 된 무리 가운데서 기업을 얻게 하옵소서. (사도행전 26:18)

예수님을 믿는 학교 선생님을 위한 기도

평강의 하나님이 모든 선한 일에 _____선생님을 온전케 하사 주님의 뜻을 행하게 하시고 그 앞에 즐거운 것을 예수 그리스도로 말미암아 우리들 속에 이루는 축복의 통로가 되게 하옵소서. (히브리서 13:21)

4. 영역별 중보기도

가정	
학교	
교회	
나라	

마무리

오늘도 능력의 하나님을 더 깊이 알아 갈 수 있도록
우리의 기도를 이끌어 주신 하나님께 감사와 찬양과 영광을 올려드리며
예수님의 이름으로 기도드립니다. 아멘.

chapter 1

우리와 함께 계신 하나님: 임마누엘

찬양(8분)

이제 우리와 함께 계신 하나님을 선포하고 고백하며 찬양하겠습니다.

| 함께 해요 | '임마누엘'이란 히브리어로 '임'(함께), '마누'(우리), '엘'(하나님)로서, '하나님이 우리와 함께하신다'는 뜻입니다. 이 세상에서 가장 영광스럽고, 기쁘고, 위대한 소식은 하나님이 우리와 함께하신다는 것입니다. 예수님은 우리를 죄에서 구원하시고 영원토록 우리와 함께하시는 하나님입니다.

- 이사야 7:14 그러므로 주께서 친히 징조를 너희에게 주실 것이라 보라 처녀가 잉태하여 아들을 낳을 것이요 그의 이름을 임마누엘이라 하리라

- 이사야 9:6 이는 한 아기가 우리에게 났고 한 아들을 우리에게 주신 바 되었는데 그의 어깨에는 정사를 메었고 그의 이름은 기묘자라, 모사라, 전능하신 하나님이라, 영존하시는 아버지라, 평강의 왕이라 할 것임이라

- 사도행전 18:9하-10상 두려워하지 말며 침묵하지 말고 말하라 내가 너와 함께 있으매 어떤 사람도 너를 대적하여 해롭게 할 자가 없을 것이니

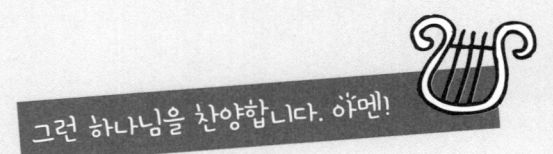

고백(2-3분)

내가 죄를 품고 있으면 하나님은 나의 기도를 듣지 않으세요. 이 시간은 조용히 나의 죄를 고백하는 기도를 하겠습니다.

만일 내가 죄를 고백하면 하나님께서는 신실하시고 의로우심으로 내 죄를 용서하시고 깨끗하게 하신다고 말씀하셨습니다. 이 말씀대로 나의 죄가 예수님의 보혈로 깨끗하게 씻겼음을 믿습니다. 성령님, 이제 나를 온전히 다스리시고 성령으로 충만하게 해주세요. 또한 구하는 자에게 성령 충만을 주신다는 것을 믿고 감사드립니다.

감사(5분)

이 시간은 하나님이 기도 응답을 해주신 것에 대하여 감사기도 드리겠습니다.

나 _____를 위한 감사	친구 _____를 위한 감사

그렇게 하신 하나님께 감사합니다. 아멘!

중보(10분)

이 시간은 나와 다른 사람들(가족, 친구, 선생님, 교회, 학교, 나라)을 위해 기도하겠습니다.

1. 성구기도

성구기도는 성경 말씀으로 하는 기도입니다. 성경 말씀에 이름을 넣어 기도해 봅시다. 먼저 나의 이름을 넣어 선포한 다음, 친구의 이름을 넣어 선포하겠습니다.

"보라 처녀가 잉태하여 아들을 낳을 것이요 그의 이름은 임마누엘이라 하리라 하셨으니 이를 번역한즉 하나님이 _____과(와) 함께 계시다 함이라"(마태복음 1:23)

2. 구체적인 기도

나 _____를 위한 구체적인 기도 제목	친구 _____를 위한 구체적인 기도 제목

그렇게 하실 하나님을 기대합니다. 아멘!

3. 학교 선생님을 위한 성구기도

예수님을 믿지 않는 학교 선생님을 위한 기도

_____선생님의 눈을 열어 주셔서 어두움에서 빛으로, 사탄의 권세에서 하나님께로 돌아오게 하시고, 죄사함과 예수를 믿어 거룩하게 된 무리 가운데서 기업을 얻게 하옵소서. (사도행전 26:18)

예수님을 믿는 학교 선생님을 위한 기도

평강의 하나님이 모든 선한 일에 _____선생님을 온전케 하사 주님의 뜻을 행하게 하시고 그 앞에 즐거운 것을 예수 그리스도로 말미암아 우리들 속에 이루는 축복의 통로가 되게 하옵소서. (히브리서 13:21)

4. 영역별 중보기도

가정	
학교	
교회	
나라	

마무리

오늘도 우리와 함께 계신 하나님을 더 깊이 알아 갈 수 있도록
우리의 기도를 이끌어 주신 하나님께 감사와 찬양과 영광을 올려드리며
예수님의 이름으로 기도드립니다. 아멘.

chapter 2

하나님의 어린양 예수: 암노스

찬양(8분)
이제 하나님의 어린양 예수님을 선포하고 고백하며 찬양하겠습니다.

| 함께 해요 | '암노스'란 '속죄양'을 의미합니다. 암노스 예수님이 십자가에서 피 흘리심으로 우리에게 죄 씻음과 생명과 자유를 주셨습니다. 우리를 위해 속죄양으로 드려지신 어린양 암노스 예수님을 찬양합니다.

- 출애굽기 12:3 너희는 이스라엘 온 회중에게 말하여 이르라 이달 열흘에 너희 각자가 어린 양을 잡을지니 각 가족대로 그 식구를 위하여 어린 양을 취하되

- 요한복음 1:29 이튿날 요한이 예수께서 자기에게 나아오심을 보고 이르되 보라 세상 죄를 지고 가는 하나님의 어린양이로다

- 베드로전서 1:18-19 너희가 알거니와 너희 조상이 물려 준 헛된 행실에서 대속함을 받은 것은 은이나 금같이 없어질 것으로 된 것이 아니요 오직 흠 없고 점 없는 어린 양 같은 그리스도의 보배로운 피로 된 것이니라

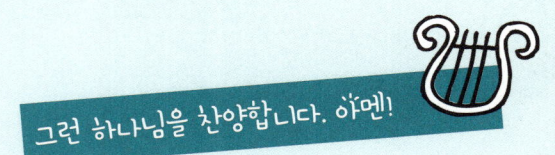

고백 (2-3분)

내가 죄를 품고 있으면 하나님은 나의 기도를 듣지 않으세요. 이 시간은 조용히 나의 죄를 고백하는 기도를 하겠습니다.

만일 내가 죄를 고백하면 하나님께서는 신실하시고 의로우심으로 내 죄를 용서하시고 깨끗하게 하신다고 말씀하셨습니다. 이 말씀대로 나의 죄가 예수님의 보혈로 깨끗하게 씻겼음을 믿습니다. 성령님, 이제 나를 온전히 다스리시고 성령으로 충만하게 해주세요. 또한 구하는 자에게 성령 충만을 주신다는 것을 믿고 감사드립니다.

감사 (5분)

이 시간은 하나님이 기도 응답을 해주신 것에 대하여 감사기도 드리겠습니다.

나 _____를 위한 감사	친구 _____를 위한 감사

그렇게 하신 하나님께 감사합니다. 아멘!

중보 (10분)
이 시간은 나와 다른 사람들(가족, 친구, 선생님, 교회, 학교, 나라)을 위해 기도하겠습니다.

1. 성구기도

성구기도는 성경 말씀으로 하는 기도입니다. 성경 말씀에 이름을 넣어 기도해 봅시다. 먼저 나의 이름을 넣어 선포한 다음, 친구의 이름을 넣어 선포하겠습니다.

"_____ (이)가 알거니와 _____조상이 물려 준 헛된 행실에서 대속함을 받은 것은 은이나 금같이 없어질 것으로 된 것이 아니요 오직 흠 없고 점 없는 어린 양 같은 그리스도의 보배로운 피로 된 것이니라"(베드로전서 1:18-19)

2. 구체적인 기도

나 _____를 위한 구체적인 기도 제목	친구 _____를 위한 구체적인 기도 제목

그렇게 하실 하나님을 기대합니다. 아멘!

3. 학교 선생님을 위한 성구기도

예수님을 믿지 않는 학교 선생님을 위한 기도

_____선생님의 눈을 열어 주셔서 어두움에서 빛으로, 사탄의 권세에서 하나님께로 돌아오게 하시고, 죄사함과 예수를 믿어 거룩하게 된 무리 가운데서 기업을 얻게 하옵소서. (사도행전 26:18)

예수님을 믿는 학교 선생님을 위한 기도

평강의 하나님이 모든 선한 일에 _____선생님을 온전케 하사 주님의 뜻을 행하게 하시고 그 앞에 즐거운 것을 예수 그리스도로 말미암아 우리들 속에 이루는 축복의 통로가 되게 하옵소서. (히브리서 13:21)

4. 영역별 중보기도

가정	
학교	
교회	
나라	

마무리

오늘도 하나님의 어린양 예수님을 더 깊이 알아 갈 수 있도록
우리의 기도를 이끌어 주신 하나님께 감사와 찬양과 영광을 올려드리며
예수님의 이름으로 기도드립니다. 아멘.

chapter 3

그 이름 예수:
자기 백성을 그들의 죄에서 구원하실 자

찬양(8분)

이제 그 이름 예수님을 선포하고 고백하며 찬양하겠습니다.

| 함께 해요 | '예수'란 '우리를 죄에서 구원할 자'를 의미합니다. 나와 가족, 모든 사람을 죄에서 구원할 자, 그 이름은 오직 예수 한 분뿐입니다.

- 마태복음 1:21 아들을 낳으리니 이름을 예수라 하라 이는 그가 자기 백성을 그들의 죄에서 구원할 자이심이라 하니라

- 요한복음 1:12 영접하는 자 곧 그 이름을 믿는 자들에게는 하나님의 자녀가 되는 권세를 주셨으니

- 히브리서 7:25 그러므로 자기를 힘입어 하나님께 나아가는 자들을 온전히 구원하실 수 있으니 이는 그가 항상 살아 계셔서 그들을 위하여 간구하심이라

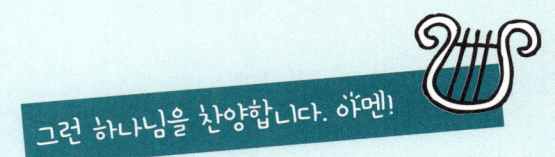

그런 하나님을 찬양합니다. 아멘!

고백(2-3분)
내가 죄를 품고 있으면 하나님은 나의 기도를 듣지 않으세요. 이 시간은 조용히 나의 죄를 고백하는 기도를 하겠습니다.

만일 내가 죄를 고백하면 하나님께서는 신실하시고 의로우심으로 내 죄를 용서하시고 깨끗하게 하신다고 말씀하셨습니다. 이 말씀대로 나의 죄가 예수님의 보혈로 깨끗하게 씻겼음을 믿습니다. 성령님, 이제 나를 온전히 다스리시고 성령으로 충만하게 해주세요. 또한 구하는 자에게 성령 충만을 주신다는 것을 믿고 감사드립니다.

감사(5분)
이 시간은 하나님이 기도 응답을 해주신 것에 대하여 감사기도 드리겠습니다.

나 _____를 위한 감사	친구 _____를 위한 감사

그렇게 하신 하나님께 감사합니다. 아멘!

중보(10분)

이 시간은 나와 다른 사람들(가족, 친구, 선생님, 교회, 학교, 나라)을 위해 기도하겠습니다.

1. 성구기도

성구기도는 성경 말씀으로 하는 기도입니다. 성경 말씀에 이름을 넣어 기도해 봅시다. 먼저 나의 이름을 넣어 선포한 다음, 친구의 이름을 넣어 선포하겠습니다.

"그러므로 자기를 힘입어 하나님께 나아가는 _____을(를) 온전히 구원하실 수 있으니 이는 그가 항상 살아 계셔서 _____을(를) 위하여 간구하심이라"(히브리서 7:25)

2. 구체적인 기도

나 _____를 위한 구체적인 기도 제목	친구 _____를 위한 구체적인 기도 제목

그렇게 하실 하나님을 기대합니다. 아멘!

3. 학교 선생님을 위한 성구기도

예수님을 믿지 않는 학교 선생님을 위한 기도

_____선생님의 눈을 열어 주셔서 어두움에서 빛으로, 사탄의 권세에서 하나님께로 돌아오게 하시고, 죄사함과 예수를 믿어 거룩하게 된 무리 가운데서 기업을 얻게 하옵소서. (사도행전 26:18)

예수님을 믿는 학교 선생님을 위한 기도

평강의 하나님이 모든 선한 일에 _____선생님을 온전케 하사 주님의 뜻을 행하게 하시고 그 앞에 즐거운 것을 예수 그리스도로 말미암아 우리들 속에 이루는 축복의 통로가 되게 하옵소서. (히브리서 13:21)

4. 영역별 중보기도

가정	
학교	
교회	
나라	

마무리

오늘도 그 이름 예수님을 더 깊이 알아 갈 수 있도록
우리의 기도를 이끌어 주신 하나님께 감사와 찬양과 영광을 올려드리며
예수님의 이름으로 기도드립니다. 아멘.

chapter 4

나사렛 예수

찬양(8분)
이제 나사렛 예수님을 선포하고 고백하며 찬양하겠습니다.

| 함께 해요 | 나사렛은 천대받는 지역이었습니다. 나사렛에서 태어나신 예수님은 천대받고 멸시받는 고통이 무엇인지를 분명히 아셨고 그 마음을 헤아리셨습니다. 큰 권능으로 영혼들을 살리신 나사렛 예수님을 찬양합니다.

- 이사야 53:3 그는 멸시를 받아 사람들에게 버림받았으며 간고를 많이 겪었으며 질고를 아는 자라 마치 사람들이 그에게서 얼굴을 가리는 것같이 멸시를 당하였고 우리도 그를 귀히 여기지 아니하였도다

- 마태복음 2:23 나사렛이란 동네에 가서 사니 이는 선지자로 하신 말씀에 나사렛 사람이라 칭하리라 하심을 이루려 함이러라

- 사도행전 2:22 이스라엘 사람들아 이 말을 들으라 너희도 아는 바와 같이 하나님께서 나사렛 예수로 큰 권능과 기사와 표적을 너희 가운데서 베푸사 너희 앞에서 그를 증언하셨느니라

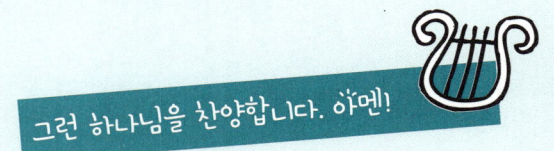

고백(2-3분)

내가 죄를 품고 있으면 하나님은 나의 기도를 듣지 않으세요. 이 시간은 조용히 나의 죄를 고백하는 기도를 하겠습니다.

만일 내가 죄를 고백하면 하나님께서는 신실하시고 의로우심으로 내 죄를 용서하시고 깨끗하게 하신다고 말씀하셨습니다. 이 말씀대로 나의 죄가 예수님의 보혈로 깨끗하게 씻겼음을 믿습니다. 성령님, 이제 나를 온전히 다스리시고 성령으로 충만하게 해주세요. 또한 구하는 자에게 성령 충만을 주신다는 것을 믿고 감사드립니다.

감사(5분)

이 시간은 하나님이 기도 응답을 해주신 것에 대하여 감사기도 드리겠습니다.

나 _____를 위한 감사	친구 _____를 위한 감사

그렇게 하신 하나님께 감사합니다. 아멘!

중보(10분)

이 시간은 나와 다른 사람들(가족, 친구, 선생님, 교회, 학교, 나라)을 위해 기도하겠습니다.

1. 성구기도

성구기도는 성경 말씀으로 하는 기도입니다. 성경 말씀에 이름을 넣어 기도해 봅시다. 먼저 나의 이름을 넣어 선포한 다음, 친구의 이름을 넣어 선포하겠습니다.

"이스라엘 사람들아 이 말을 들으라 _____(이)도 아는 바와 같이 하나님께서 나사렛 예수로 큰 권능과 기사와 표적을 _____가운데서 베푸사 _____앞에서 그를 증언하셨느니라"(사도행전 2:22)

2. 구체적인 기도

나 _____를 위한 구체적인 기도 제목	친구 _____를 위한 구체적인 기도 제목

그렇게 하실 하나님을 기대합니다. 아멘!

3. 학교 선생님을 위한 성구기도

예수님을 믿지 않는 학교 선생님을 위한 기도

_____선생님의 눈을 열어 주셔서 어두움에서 빛으로, 사탄의 권세에서 하나님께로 돌아오게 하시고, 죄사함과 예수를 믿어 거룩하게 된 무리 가운데서 기업을 얻게 하옵소서. (사도행전 26:18)

예수님을 믿는 학교 선생님을 위한 기도

평강의 하나님이 모든 선한 일에 _____선생님을 온전케 하사 주님의 뜻을 행하게 하시고 그 앞에 즐거운 것을 예수 그리스도로 말미암아 우리들 속에 이루는 축복의 통로가 되게 하옵소서. (히브리서 13:21)

4. 영역별 중보기도

가정	
학교	
교회	
나라	

마무리

오늘도 나사렛 예수님을 더 깊이 알아 갈 수 있도록
우리의 기도를 이끌어 주신 하나님께 감사와 찬양과 영광을 올려드리며
예수님의 이름으로 기도드립니다. 아멘.

chapter 5

더 좋은 언약의 보증 예수

찬양(8분)
이제 더 좋은 언약의 보증 되시는 예수님을 선포하고 고백하며 찬양하겠습니다.

| 함께 해요 | 구약의 모든 약속은 예수님 안에서 성취되고 완성되었으며, 예수님에 의해 확실히 증명되고 증거가 되었습니다. 하나님은 한 번 구원하신 백성은 끝까지 책임지시며, 절대로 버리지 않고 떠나지 않으십니다.

- **요한복음 1:12** 영접하는 자 곧 그 이름을 믿는 자들에게는 하나님의 자녀가 되는 권세를 주셨으니

- **히브리서 7:22** 이와 같이 예수는 더 좋은 언약의 보증이 되셨느니라

- **히브리서 8:10** 또 주께서 이르시되 그날 후에 내가 이스라엘 집과 맺을 언약은 이것이니 내 법을 그들의 생각에 두고 그들의 마음에 이것을 기록하리라 나는 그들에게 하나님이 되고 그들은 내게 백성이 되리라

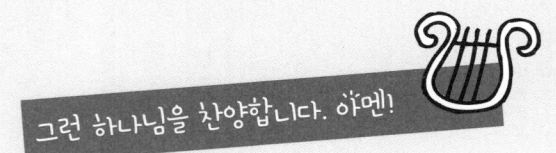

고백(2-3분)
내가 죄를 품고 있으면 하나님은 나의 기도를 듣지 않으세요. 이 시간은 조용히 나의 죄를 고백하는 기도를 하겠습니다.

만일 내가 죄를 고백하면 하나님께서는 신실하시고 의로우심으로 내 죄를 용서하시고 깨끗하게 하신다고 말씀하셨습니다. 이 말씀대로 나의 죄가 예수님의 보혈로 깨끗하게 씻겼음을 믿습니다. 성령님, 이제 나를 온전히 다스리시고 성령으로 충만하게 해주세요. 또한 구하는 자에게 성령 충만을 주신다는 것을 믿고 감사드립니다.

감사(5분)
이 시간은 하나님이 기도 응답을 해주신 것에 대하여 감사기도 드리겠습니다.

나 _____를 위한 감사	친구 _____를 위한 감사

그렇게 하신 하나님께 감사합니다. 아멘!

중보(10분)
이 시간은 나와 다른 사람들(가족, 친구, 선생님, 교회, 학교, 나라)을 위해 기도하겠습니다.

1. 성구기도

성구기도는 성경 말씀으로 하는 기도입니다. 성경 말씀에 이름을 넣어 기도해 봅시다. 먼저 나의 이름을 넣어 선포한 다음, 친구의 이름을 넣어 선포하겠습니다.

"또 주께서 이르시되 그날 후에 내가 _____과(와) 맺을 언약은 이것이니 내 법을 _____의 생각에 두고 _____의 마음에 이것을 기록하리라 나는 _____에게 하나님이 되고 _____은(는) 내게 백성이 되리라"(히브리서 8:10)

2. 구체적인 기도

나 _____를 위한 구체적인 기도 제목	친구 _____를 위한 구체적인 기도 제목

그렇게 하실 하나님을 기대합니다. 아멘!

3. 학교 선생님을 위한 성구기도

예수님을 믿지 않는 학교 선생님을 위한 기도

_____선생님의 눈을 열어 주셔서 어두움에서 빛으로, 사탄의 권세에서 하나님께로 돌아오게 하시고, 죄사함과 예수를 믿어 거룩하게 된 무리 가운데서 기업을 얻게 하옵소서. (사도행전 26:18)

예수님을 믿는 학교 선생님을 위한 기도

평강의 하나님이 모든 선한 일에 _____선생님을 온전케 하사 주님의 뜻을 행하게 하시고 그 앞에 즐거운 것을 예수 그리스도로 말미암아 우리들 속에 이루는 축복의 통로가 되게 하옵소서. (히브리서 13:21)

4. 영역별 중보기도

가정	
학교	
교회	
나라	

마무리

오늘도 더 좋은 언약의 보증 되시는 예수님을 더 깊이 알아 갈 수 있도록
우리의 기도를 이끌어 주신 하나님께 감사와 찬양과 영광을 올려드리며
예수님의 이름으로 기도드립니다. 아멘.

chapter 6

중보자 예수

찬양(8분)

이제 중보자 예수님을 선포하고 고백하며 찬양하겠습니다.

| 함께 해요 | 예수님은 하나님의 아들입니다. 그리고 예수님은 완전한 사람으로 오셔서 하나님의 공의를 완전히 이루셨습니다. 죄로 말미암아 하나님과 원수였던 우리를 하나님과 화해하고 화목하게 해주신 중보자 예수님을 찬양합니다.

- 로마서 8:34 누가 정죄하리요 죽으실 뿐 아니라 다시 살아나신 이는 그리스도 예수시니 그는 하나님 우편에 계신 자요 우리를 위하여 간구하시는 자시니라

- 디모데전서 2:5 하나님은 한 분이시요 또 하나님과 사람 사이에 중보자도 한 분이시니 곧 사람이신 그리스도 예수라

- 히브리서 7:25 그러므로 자기를 힘입어 하나님께 나아가는 자들을 온전히 구원하실 수 있으니 이는 그가 항상 살아 계셔서 그들을 위하여 간구하심이라

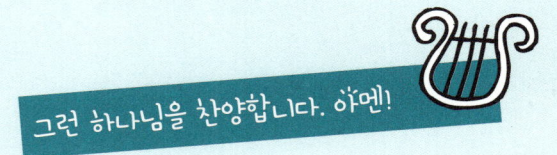

고백(2-3분)
내가 죄를 품고 있으면 하나님은 나의 기도를 듣지 않으세요. 이 시간은 조용히 나의 죄를 고백하는 기도를 하겠습니다.

만일 내가 죄를 고백하면 하나님께서는 신실하시고 의로우심으로 내 죄를 용서하시고 깨끗하게 하신다고 말씀하셨습니다. 이 말씀대로 나의 죄가 예수님의 보혈로 깨끗하게 씻겼음을 믿습니다. 성령님, 이제 나를 온전히 다스리시고 성령으로 충만하게 해주세요. 또한 구하는 자에게 성령 충만을 주신다는 것을 믿고 감사드립니다.

감사(5분)
이 시간은 하나님이 기도 응답을 해주신 것에 대하여 감사기도 드리겠습니다.

나 _____를 위한 감사	친구 _____를 위한 감사

그렇게 하신 하나님께 감사합니다. 아멘!

중보(10분)

이 시간은 나와 다른 사람들(가족, 친구, 선생님, 교회, 학교, 나라)을 위해 기도하겠습니다.

1. 성구기도

성구기도는 성경 말씀으로 하는 기도입니다. 성경 말씀에 이름을 넣어 기도해 봅시다. 먼저 나의 이름을 넣어 선포한 다음, 친구의 이름을 넣어 선포하겠습니다.

"누가 정죄하리요 죽으실 뿐 아니라 다시 살아나신 이는 그리스도 예수시니 그는 하나님 우편에 계신 자요 _____을(를) 위하여 간구하시는 자시니라"(로마서 8:34)

2. 구체적인 기도

나 _____를 위한 구체적인 기도 제목	친구 _____를 위한 구체적인 기도 제목

그렇게 하실 하나님을 기대합니다. 아멘!

3. 학교 선생님을 위한 성구기도

예수님을 믿지 않는 학교 선생님을 위한 기도

_____선생님의 눈을 열어 주셔서 어두움에서 빛으로, 사탄의 권세에서 하나님께로 돌아오게 하시고, 죄사함과 예수를 믿어 거룩하게 된 무리 가운데서 기업을 얻게 하옵소서. (사도행전 26:18)

예수님을 믿는 학교 선생님을 위한 기도

평강의 하나님이 모든 선한 일에 _____선생님을 온전케 하사 주님의 뜻을 행하게 하시고 그 앞에 즐거운 것을 예수 그리스도로 말미암아 우리들 속에 이루는 축복의 통로가 되게 하옵소서. (히브리서 13:21)

4. 영역별 중보기도

가정	
학교	
교회	
나라	

마무리

오늘도 중보자 예수님을 더 깊이 알아 갈 수 있도록
우리의 기도를 이끌어 주신 하나님께 감사와 찬양과 영광을 올려드리며
예수님의 이름으로 기도드립니다. 아멘.

chapter 7

구원의 반석 예수

찬양(8분)
이제 구원의 반석 되시는 예수님을 선포하고 고백하며 찬양하겠습니다.

| 함께 해요 | 예수 그리스도 외에 다른 것은 언젠가 반드시 무너지게 되어 있습니다. 예수님은 구원의 반석이시며, 이 땅에서 가장 안전한 기초입니다. 그런데 사탄은 우리에게 예수님 없이도 구원이 있다고 가르칩니다. 오직 예수님만이 우리의 모든 죄를 용서하시고 우리를 구원해 주셨습니다.

- 시편 94:22 여호와는 나의 요새이시요 나의 하나님은 내가 피할 반석이시라

- 로마서 9:33 기록된 바 보라 내가 걸림돌과 거치는 바위를 시온에 두노니 그를 믿는 자는 부끄러움을 당하지 아니하리라 함과 같으니라

- 고린도전서 10:1-4 형제들아 나는 너희가 알지 못하기를 원하지 아니하노니 우리 조상들이 다 구름 아래에 있고 바다 가운데로 지나며 모세에게 속하여 다 구름과 바다에서 세례를 받고 다 같은 신령한 음식을 먹으며 다 같은 신령한 음료를 마셨으니 이는 그들을 따르는 신령한 반석으로부터 마셨으매 그 반석은 곧 그리스도시라

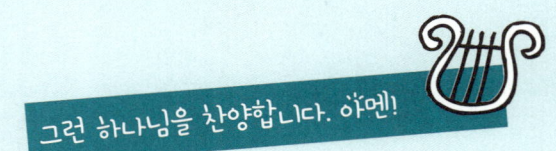

고백(2-3분)

내가 죄를 품고 있으면 하나님은 나의 기도를 듣지 않으세요. 이 시간은 조용히 나의 죄를 고백하는 기도를 하겠습니다.

만일 내가 죄를 고백하면 하나님께서는 신실하시고 의로우심으로 내 죄를 용서하시고 깨끗하게 하신다고 말씀하셨습니다. 이 말씀대로 나의 죄가 예수님의 보혈로 깨끗하게 씻겼음을 믿습니다. 성령님, 이제 나를 온전히 다스리시고 성령으로 충만하게 해주세요. 또한 구하는 자에게 성령 충만을 주신다는 것을 믿고 감사드립니다.

감사(5분)

이 시간은 하나님이 기도 응답을 해주신 것에 대하여 감사기도 드리겠습니다.

나 _____를 위한 감사	친구 _____를 위한 감사

그렇게 하신 하나님께 감사합니다. 아멘!

중보 (10분)
이 시간은 나와 다른 사람들(가족, 친구, 선생님, 교회, 학교, 나라)을 위해 기도하겠습니다.

1. 성구기도

성구기도는 성경 말씀으로 하는 기도입니다. 성경 말씀에 이름을 넣어 기도해 봅시다. 먼저 나의 이름을 넣어 선포한 다음, 친구의 이름을 넣어 선포하겠습니다.

"여호와는 _____(이)의 요새이시요 _____(이)의 하나님은 _____(이)가 피할 반석이시라"(시편 94:22)

2. 구체적인 기도

나 _____를 위한 구체적인 기도 제목	친구 _____를 위한 구체적인 기도 제목

그렇게 하실 하나님을 기대합니다. 아멘!

3. 학교 선생님을 위한 성구기도

예수님을 믿지 않는 학교 선생님을 위한 기도

_____선생님의 눈을 열어 주셔서 어두움에서 빛으로, 사탄의 권세에서 하나님께로 돌아오게 하시고, 죄사함과 예수를 믿어 거룩하게 된 무리 가운데서 기업을 얻게 하옵소서. (사도행전 26:18)

예수님을 믿는 학교 선생님을 위한 기도

평강의 하나님이 모든 선한 일에 _____선생님을 온전케 하사 주님의 뜻을 행하게 하시고 그 앞에 즐거운 것을 예수 그리스도로 말미암아 우리들 속에 이루는 축복의 통로가 되게 하옵소서. (히브리서 13:21)

4. 영역별 중보기도

가정	
학교	
교회	
나라	

마무리

오늘도 구원의 반석 되시는 예수님을 더 깊이 알아 갈 수 있도록
우리의 기도를 이끌어 주신 하나님께 감사와 찬양과 영광을 올려드리며
예수님의 이름으로 기도드립니다. 아멘.

chapter 8

세상의 빛 예수

찬양(8분)

이제 세상의 빛이신 예수님을 선포하고 고백하며 찬양하겠습니다.

| 함께 해요 | 모든 사람이 어둠 속에서 갈 바를 알지 못하고 헤맬 때 참 빛이신 그리스도께서 이 땅에 오셨습니다. 다른 빛은 모두 '가짜'입니다. 예수님의 빛이 죄와 죽음으로 인해 깜깜한 어둠을 비추는 '참 빛'이기 때문입니다. 참 빛이신 예수님을 찬양합니다.

- **요한복음 8:12** 예수께서 또 말씀하여 이르시되 나는 세상의 빛이니 나를 따르는 자는 어둠에 다니지 아니하고 생명의 빛을 얻으리라

- **에베소서 5:8-9** 너희가 전에는 어둠이더니 이제는 주 안에서 빛이라 빛의 자녀들처럼 행하라 빛의 열매는 모든 착함과 의로움과 진실함에 있느니라

- **베드로전서 2:9** 그러나 너희는 택하신 족속이요 왕 같은 제사장들이요 거룩한 나라요 그의 소유가 된 백성이니 이는 너희를 어두운 데서 불러내어 그의 기이한 빛에 들어가게 하신 이의 아름다운 덕을 선포하게 하려 하심이라

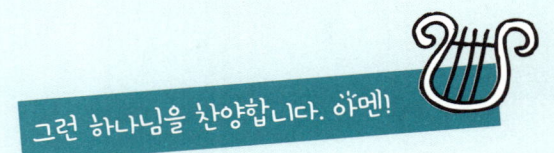

고백 (2-3분)
내가 죄를 품고 있으면 하나님은 나의 기도를 듣지 않으세요. 이 시간은 조용히 나의 죄를 고백하는 기도를 하겠습니다.

만일 내가 죄를 고백하면 하나님께서는 신실하시고 의로우심으로 내 죄를 용서하시고 깨끗하게 하신다고 말씀하셨습니다. 이 말씀대로 나의 죄가 예수님의 보혈로 깨끗하게 씻겼음을 믿습니다. 성령님, 이제 나를 온전히 다스리시고 성령으로 충만하게 해주세요. 또한 구하는 자에게 성령 충만을 주신다는 것을 믿고 감사드립니다.

감사 (5분)
이 시간은 하나님이 기도 응답을 해주신 것에 대하여 감사기도 드리겠습니다.

나 _____ 를 위한 감사	친구 _____ 를 위한 감사

그렇게 하신 하나님께 감사합니다. 아멘!

중보 (10분)
이 시간은 나와 다른 사람들(가족, 친구, 선생님, 교회, 학교, 나라)을 위해 기도하겠습니다.

1. 성구기도

성구기도는 성경 말씀으로 하는 기도입니다. 성경 말씀에 이름을 넣어 기도해 봅시다. 먼저 나의 이름을 넣어 선포한 다음, 친구의 이름을 넣어 선포하겠습니다.

"예수께서 또 말씀하여 이르시되 나는 세상의 빛이니 나를 따르는 _____은(는) 어둠에 다니지 아니하고 생명의 빛을 얻으리라" (요한복음 8:12)

2. 구체적인 기도

나 _____를 위한 구체적인 기도 제목	친구 _____를 위한 구체적인 기도 제목

그렇게 하실 하나님을 기대합니다. 아멘!

3. 학교 선생님을 위한 성구기도

예수님을 믿지 않는 학교 선생님을 위한 기도

_____선생님의 눈을 열어 주셔서 어두움에서 빛으로, 사탄의 권세에서 하나님께로 돌아오게 하시고, 죄사함과 예수를 믿어 거룩하게 된 무리 가운데서 기업을 얻게 하옵소서. (사도행전 26:18)

예수님을 믿는 학교 선생님을 위한 기도

평강의 하나님이 모든 선한 일에 _____선생님을 온전케 하사 주님의 뜻을 행하게 하시고 그 앞에 즐거운 것을 예수 그리스도로 말미암아 우리 자녀들 속에 이루는 축복의 통로가 되게 하옵소서. (히브리서 13:21)

4. 영역별 중보기도

가정	
학교	
교회	
나라	

마무리

오늘도 세상의 빛이신 예수님을 더 깊이 알아 갈 수 있도록
우리의 기도를 이끌어 주신 하나님께 감사와 찬양과 영광을 올려드리며
예수님의 이름으로 기도드립니다. 아멘.

chapter 9

참 포도나무 예수: 암펠로스

찬양(8분)

이제 참 포도나무이신 예수님을 선포하고 고백하며 찬양하겠습니다.

| 함께 해요 | 우리는 참 포도나무이신 예수님께 붙어 있을 때 진정한 축복의 삶을 살 수 있습니다. 예수님은 추위와 더위, 홍수와 가뭄 같은 어려운 환경 속에서도 우리를 보호해 주시고 우리에게 넉넉히 공급해 주시는 분입니다.

- **요한복음 15:3-4** 너희는 내가 일러준 말로 이미 깨끗하여졌으니 내 안에 거하라 나도 너희 안에 거하리라 가지가 포도나무에 붙어 있지 아니하면 스스로 열매를 맺을 수 없음같이 너희도 내 안에 있지 아니하면 그러하리라

- **요한복음 15:5** 나는 포도나무요 너희는 가지라 그가 내 안에, 내가 그 안에 거하면 사람이 열매를 많이 맺나니 나를 떠나서는 너희가 아무것도 할 수 없음이라

- **요한복음 15:7-8** 너희가 내 안에 거하고 내 말이 너희 안에 거하면 무엇이든지 원하는 대로 구하라 그리하면 이루리라 너희가 열매를 많이 맺으면 내 아버지께서 영광을 받으실 것이요 너희는 내 제자가 되리라

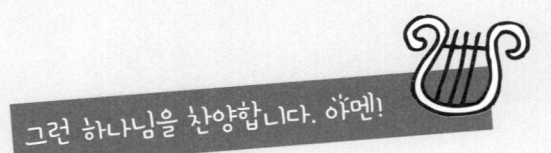

고백(2-3분)

내가 죄를 품고 있으면 하나님은 나의 기도를 듣지 않으세요. 이 시간은 조용히 나의 죄를 고백하는 기도를 하겠습니다.

만일 내가 죄를 고백하면 하나님께서는 신실하시고 의로우심으로 내 죄를 용서하시고 깨끗하게 하신다고 말씀하셨습니다. 이 말씀대로 나의 죄가 예수님의 보혈로 깨끗하게 씻겼음을 믿습니다. 성령님, 이제 나를 온전히 다스리시고 성령으로 충만하게 해주세요. 또한 구하는 자에게 성령 충만을 주신다는 것을 믿고 감사드립니다.

감사(5분)

이 시간은 하나님이 기도 응답을 해주신 것에 대하여 감사기도 드리겠습니다.

나 _____를 위한 감사	친구 _____를 위한 감사

그렇게 하신 하나님께 감사합니다. 아멘!

중보(10분)
이 시간은 나와 다른 사람들(가족, 친구, 선생님, 교회, 학교, 나라)을 위해 기도하겠습니다.

1. 성구기도

성구기도는 성경 말씀으로 하는 기도입니다. 성경 말씀에 이름을 넣어 기도해 봅시다. 먼저 나의 이름을 넣어 선포한 다음, 친구의 이름을 넣어 선포하겠습니다.

"_____(이)가 내 안에 거하고 내 말이 _____안에 거하면 무엇이든지 원하는 대로 구하라 그리하면 이루리라"(요한복음 15:7)

2. 구체적인 기도

나 _____를 위한 구체적인 기도 제목	친구 _____를 위한 구체적인 기도 제목

그렇게 하실 하나님을 기대합니다. 아멘!

3. 학교 선생님을 위한 성구기도

예수님을 믿지 않는 학교 선생님을 위한 기도

＿＿＿＿＿선생님의 눈을 열어 주셔서 어두움에서 빛으로, 사탄의 권세에서 하나님께로 돌아오게 하시고, 죄사함과 예수를 믿어 거룩하게 된 무리 가운데서 기업을 얻게 하옵소서. (사도행전 26:18)

예수님을 믿는 학교 선생님을 위한 기도

평강의 하나님이 모든 선한 일에 ＿＿＿＿＿선생님을 온전케 하사 주님의 뜻을 행하게 하시고 그 앞에 즐거운 것을 예수 그리스도로 말미암아 우리들 속에 이루는 축복의 통로가 되게 하옵소서. (히브리서 13:21)

4. 영역별 중보기도

가정	
학교	
교회	
나라	

마무리

오늘도 참 포도나무이신 예수님을 더 깊이 알아 갈 수 있도록
우리의 기도를 이끌어 주신 하나님께 감사와 찬양과 영광을 올려드리며
예수님의 이름으로 기도드립니다. 아멘.

chapter 10

유월절 희생양 예수: 페사흐

찬양(8분)
이제 유월절 희생양이신 예수님을 선포하고 고백하며 찬양하겠습니다.

| 함께 해요 | 히브리어로 '유월절'은 '페사흐'인데, '넘어가다'라는 의미가 있습니다. 하나님은 유월절 어린 양의 피를 바른 집에 거하는 사람들이 구원받았듯이, 십자가에서 희생양으로 피 흘려 죽으신 예수님을 믿음으로 구원받을 뿐만 아니라 영원한 심판을 받지 않는다고 약속하셨습니다.

- 레위기 4:26하 제사장이 그 범한 죄에 대하여 그를 위하여 속죄한즉 그가 사함을 얻으리라

- 출애굽기 12:13 내가 애굽 땅을 칠 때에 그 피가 너희가 사는 집에 있어서 너희를 위하여 표적이 될지라 내가 피를 볼 때에 너희를 넘어가리니 재앙이 너희에게 내려 멸하지 아니하리라

- 고린도전서 5:7 너희는 누룩 없는 자인데 새 덩어리가 되기 위하여 묵은 누룩을 내버리라 우리의 유월절 양 곧 그리스도께서 희생되셨느니라

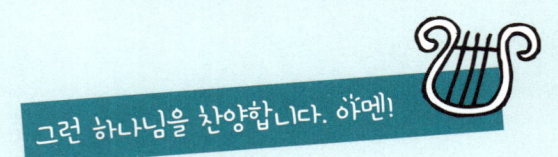

고백 (2-3분)

내가 죄를 품고 있으면 하나님은 나의 기도를 듣지 않으세요. 이 시간은 조용히 나의 죄를 고백하는 기도를 하겠습니다.

만일 내가 죄를 고백하면 하나님께서는 신실하시고 의로우심으로 내 죄를 용서하시고 깨끗하게 하신다고 말씀하셨습니다. 이 말씀대로 나의 죄가 예수님의 보혈로 깨끗하게 씻겼음을 믿습니다. 성령님, 이제 나를 온전히 다스리시고 성령으로 충만하게 해주세요. 또한 구하는 자에게 성령 충만을 주신다는 것을 믿고 감사드립니다.

감사 (5분)

이 시간은 하나님이 기도 응답을 해주신 것에 대하여 감사기도 드리겠습니다.

나 _____ 를 위한 감사	친구 _____ 를 위한 감사

그렇게 하신 하나님께 감사합니다. 아멘!

중보 (10분)

이 시간은 나와 다른 사람들(가족, 친구, 선생님, 교회, 학교, 나라)을 위해 기도하겠습니다.

1. 성구기도

성구기도는 성경 말씀으로 하는 기도입니다. 성경 말씀에 이름을 넣어 기도해 봅시다. 먼저 나의 이름을 넣어 선포한 다음, 친구의 이름을 넣어 선포하겠습니다.

"내가 애굽 땅을 칠 때에 그 피가 _____(이)가 사는 집에 있어서 _____을(를) 위하여 표적이 될지라 내가 피를 볼 때에 _____을(를) 넘어가리니 재앙이 너희에게 내려 멸하지 아니하리라" (출애굽기 12:13)

2. 구체적인 기도

나 _____를 위한 구체적인 기도 제목	친구 _____를 위한 구체적인 기도 제목

그렇게 하실 하나님을 기대합니다. 아멘!

3. 학교 선생님을 위한 성구기도

예수님을 믿지 않는 학교 선생님을 위한 기도

_____선생님의 눈을 열어 주셔서 어두움에서 빛으로, 사탄의 권세에서 하나님께로 돌아오게 하시고, 죄사함과 예수를 믿어 거룩하게 된 무리 가운데서 기업을 얻게 하옵소서. (사도행전 26:18)

예수님을 믿는 학교 선생님을 위한 기도

평강의 하나님이 모든 선한 일에 _____선생님을 온전케 하사 주님의 뜻을 행하게 하시고 그 앞에 즐거운 것을 예수 그리스도로 말미암아 우리 자녀들 속에 이루는 축복의 통로가 되게 하옵소서. (히브리서 13:21)

4. 영역별 중보기도

가정	
학교	
교회	
나라	

마무리

오늘도 유월절 희생양이신 예수님을 더 깊이 알아 갈 수 있도록
우리의 기도를 이끌어 주신 하나님께 감사와 찬양과 영광을 올려드리며
예수님의 이름으로 기도드립니다. 아멘.

chapter 11

영생수 예수

찬양(8분)
이제 영원한 생명의 물이신 예수님을 선포하고 고백하며 찬양하겠습니다.

| 함께 해요 | 이 세상이 주는 물질이나 권세나 명예, 건강 등 그 어떤 것도 우리 영혼의 목마름을 해결할 수 없습니다. 예수님을 만나야 영원한 생명의 물을 마실 수 있고, 예수님을 만나야 영원한 소망을 얻게 되며, 예수님을 만나야 영혼의 만족을 누릴 수 있습니다.

- 요한복음 4:13-14 예수께서 대답하여 이르시되 이 물을 마시는 자마다 다시 목마르려니와 내가 주는 물을 마시는 자는 영원히 목마르지 아니하리니 내가 주는 물은 그 속에서 영생하도록 솟아나는 샘물이 되리라

- 요한복음 7:37 명절 끝날 곧 큰 날에 예수께서 서서 외쳐 이르시되 누구든지 목마르거든 내게로 와서 마시라

- 요한계시록 21:6 또 내게 말씀하시되 이루었도다 나는 알파와 오메가요 처음과 마지막이라 내가 생명수 샘물을 목마른 자에게 값없이 주리니

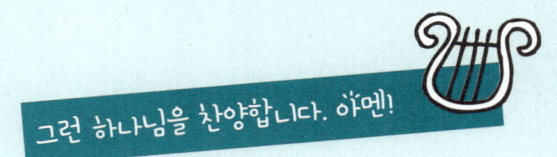

고백 (2-3분)

내가 죄를 품고 있으면 하나님은 나의 기도를 듣지 않으세요. 이 시간은 조용히 나의 죄를 고백하는 기도를 하겠습니다.

만일 내가 죄를 고백하면 하나님께서는 신실하시고 의로우심으로 내 죄를 용서하시고 깨끗하게 하신다고 말씀하셨습니다. 이 말씀대로 나의 죄가 예수님의 보혈로 깨끗하게 씻겼음을 믿습니다. 성령님, 이제 나를 온전히 다스리시고 성령으로 충만하게 해주세요. 또한 구하는 자에게 성령 충만을 주신다는 것을 믿고 감사드립니다.

감사 (5분)

이 시간은 하나님이 기도 응답을 해주신 것에 대하여 감사기도 드리겠습니다.

나 _____를 위한 감사	친구 _____를 위한 감사

그렇게 하신 하나님께 감사합니다. 아멘!

중보(10분)
이 시간은 나와 다른 사람들(가족, 친구, 선생님, 교회, 학교, 나라)을 위해 기도하겠습니다.

1. 성구기도

성구기도는 성경 말씀으로 하는 기도입니다. 성경 말씀에 이름을 넣어 기도해 봅시다. 먼저 나의 이름을 넣어 선포한 다음, 친구의 이름을 넣어 선포하겠습니다.

"예수께서 대답하여 이르시되 이 물을 마시는 자마다 다시 목마르려니와 내가 주는 물을 마시는 _____은(는) 영원히 목마르지 아니하리니 내가 주는 물은 _____속에서 영생하도록 솟아나는 샘물이 되리라"(요한복음 4:13-14)

2. 구체적인 기도

나 _____를 위한 구체적인 기도 제목	친구 _____를 위한 구체적인 기도 제목

그렇게 하실 하나님을 기대합니다. 아멘!

3. 학교 선생님을 위한 성구기도

예수님을 믿지 않는 학교 선생님을 위한 기도

_____선생님의 눈을 열어 주셔서 어두움에서 빛으로, 사탄의 권세에서 하나님께로 돌아오게 하시고, 죄사함과 예수를 믿어 거룩하게 된 무리 가운데서 기업을 얻게 하옵소서. (사도행전 26:18)

예수님을 믿는 학교 선생님을 위한 기도

평강의 하나님이 모든 선한 일에 _____선생님을 온전케 하사 주님의 뜻을 행하게 하시고 그 앞에 즐거운 것을 예수 그리스도로 말미암아 우리들 속에 이루는 축복의 통로가 되게 하옵소서. (히브리서 13:21)

4. 영역별 중보기도

가정	
학교	
교회	
나라	

마무리

오늘도 영원한 생명의 물이신 예수님을 더 깊이 알아 갈 수 있도록
우리의 기도를 이끌어 주신 하나님께 감사와 찬양과 영광을 올려드리며
예수님의 이름으로 기도드립니다. 아멘.

chapter 12

주 예수: 큐리오스

찬양 (8분)
이제 주인 되신 예수님을 선포하고 고백하며 찬양하겠습니다.

| 함께 해요 | 우리의 사랑과 경배를 받으실 분은 예수 그리스도 한 분뿐입니다. 하나님의 피조물인 사람은 절대로 경배의 대상이 될 수 없습니다. 우리가 우리의 주인 되신 예수님을 경배할 때는 우리의 전부를 드려야 하고, 전심으로 경배해야 합니다. 예수님은 우리의 왕이요, 주인입니다.

- 마태복음 2:10-11 그들이 별을 보고 매우 크게 기뻐하고 기뻐하더라 집에 들어가 아기와 그의 어머니 마리아가 함께 있는 것을 보고 엎드려 아기께 경배하고 보배합을 열어 황금과 유향과 몰약을 예물로 드리니라

- 로마서 10:12 유대인이나 헬라인이나 차별이 없음이라 한 분이신 주께서 모든 사람의 주가 되사 그를 부르는 모든 사람에게 부요하시도다

- 에베소서 5:19 시와 찬송과 신령한 노래들로 서로 화답하며 너희의 마음으로 주께 노래하며 찬송하며

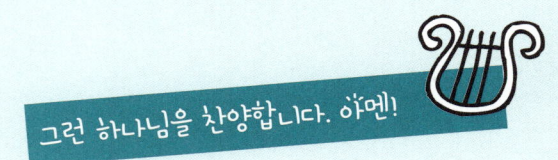

그런 하나님을 찬양합니다. 아멘!

고백 (2-3분)
내가 죄를 품고 있으면 하나님은 나의 기도를 듣지 않으세요. 이 시간은 조용히 나의 죄를 고백하는 기도를 하겠습니다.

만일 내가 죄를 고백하면 하나님께서는 신실하시고 의로우심으로 내 죄를 용서하시고 깨끗하게 하신다고 말씀하셨습니다. 이 말씀대로 나의 죄가 예수님의 보혈로 깨끗하게 씻겼음을 믿습니다. 성령님, 이제 나를 온전히 다스리시고 성령으로 충만하게 해주세요. 또한 구하는 자에게 성령 충만을 주신다는 것을 믿고 감사드립니다.

감사 (5분)
이 시간은 하나님이 기도 응답을 해주신 것에 대하여 감사기도 드리겠습니다.

나 _____를 위한 감사	친구 _____를 위한 감사

그렇게 하신 하나님께 감사합니다. 아멘!

중보(10분)

이 시간은 나와 다른 사람들(가족, 친구, 선생님, 교회, 학교, 나라)을 위해 기도하겠습니다.

1. 성구기도

성구기도는 성경 말씀으로 하는 기도입니다. 성경 말씀에 이름을 넣어 기도해 봅시다. 먼저 나의 이름을 넣어 선포한 다음, 친구의 이름을 넣어 선포하겠습니다.

"_____(이)가 살아도 주를 위하여 살고 죽어도 주를 위하여 죽나니 그러므로 사나 죽으나 _____(이)가 주의 것이로다"(로마서 14:8)

2. 구체적인 기도

나 _____를 위한 구체적인 기도 제목	친구 _____를 위한 구체적인 기도 제목

그렇게 하실 하나님을 기대합니다. 아멘!

3. 학교 선생님을 위한 성구기도

예수님을 믿지 않는 학교 선생님을 위한 기도

_____ 선생님의 눈을 열어 주셔서 어두움에서 빛으로, 사탄의 권세에서 하나님께로 돌아오게 하시고, 죄사함과 예수를 믿어 거룩하게 된 무리 가운데서 기업을 얻게 하옵소서. (사도행전 26:18)

예수님을 믿는 학교 선생님을 위한 기도

평강의 하나님이 모든 선한 일에 _____ 선생님을 온전케 하사 주님의 뜻을 행하게 하시고 그 앞에 즐거운 것을 예수 그리스도로 말미암아 우리들 속에 이루는 축복의 통로가 되게 하옵소서. (히브리서 13:21)

4. 영역별 중보기도

가정	
학교	
교회	
나라	

마무리

오늘도 주인 되신 예수님을 더 깊이 알아 갈 수 있도록
우리의 기도를 이끌어 주신 하나님께 감사와 찬양과 영광을 올려드리며
예수님의 이름으로 기도드립니다. 아멘.

chapter 13

구유에 나신 예수

찬양(8분)

이제 구유에 나신 예수님을 선포하고 고백하며 찬양하겠습니다.

| 함께 해요 | 예수님은 하늘과 땅의 권세를 가지신 하나님으로서, 예수님의 탄생 자체가 아주 놀라운 은혜입니다. 예수님은 초라한 마구간에서 태어나 말구유에 나셨지만, 가난과 고통과 상처 가운데 놓인 사람들에게 진정한 구원의 소망이 되십니다.

- 누가복음 2:10-12 천사가 이르되 무서워하지 말라 보라 내가 온 백성에게 미칠 큰 기쁨의 좋은 소식을 너희에게 전하노라 오늘 다윗의 동네에 너희를 위하여 구주가 나셨으니 곧 그리스도 주시니라 너희가 가서 강보에 싸여 구유에 뉘어 있는 아기를 보리니 이것이 너희에게 표적이니라 하더니

- 빌립보서 2:5 너희 안에 이 마음을 품으라 곧 그리스도 예수의 마음이니

- 빌립보서 2:7-8 오히려 자기를 비워 종의 형체를 가지사 사람들과 같이 되셨고 사람의 모양으로 나타나사 자기를 낮추시고 죽기까지 복종하셨으니 곧 십자가에 죽으심이라

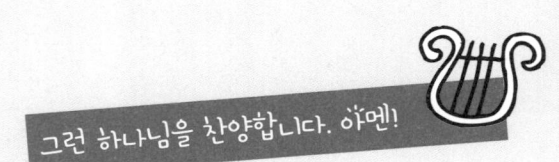

고백 (2-3분)

내가 죄를 품고 있으면 하나님은 나의 기도를 듣지 않으세요. 이 시간은 조용히 나의 죄를 고백하는 기도를 하겠습니다.

만일 내가 죄를 고백하면 하나님께서는 신실하시고 의로우심으로 내 죄를 용서하시고 깨끗하게 하신다고 말씀하셨습니다. 이 말씀대로 나의 죄가 예수님의 보혈로 깨끗하게 씻겼음을 믿습니다. 성령님, 이제 나를 온전히 다스리시고 성령으로 충만하게 해주세요. 또한 구하는 자에게 성령 충만을 주신다는 것을 믿고 감사드립니다.

감사 (5분)

이 시간은 하나님이 기도 응답을 해주신 것에 대하여 감사기도 드리겠습니다.

나 _____ 를 위한 감사	친구 _____ 를 위한 감사

그렇게 하신 하나님께 감사합니다. 아멘!

중보(10분)
이 시간은 나와 다른 사람들(가족, 친구, 선생님, 교회, 학교, 나라)을 위해 기도하겠습니다.

1. 성구기도

성구기도는 성경 말씀으로 하는 기도입니다. 성경 말씀에 이름을 넣어 기도해 봅시다. 먼저 나의 이름을 넣어 선포한 다음, 친구의 이름을 넣어 선포하겠습니다.

"천사가 이르되 무서워하지 말라 보라 내가 온 백성에게 미칠 큰 기쁨의 좋은 소식을 너희에게 전하노라 오늘 다윗의 동네에 _____을(를) 위하여 구주가 나셨으니 곧 그리스도 주시니라"(누가복음 2:10-11)

2. 구체적인 기도

나 _____를 위한 구체적인 기도 제목	친구 _____를 위한 구체적인 기도 제목

그렇게 하실 하나님을 기대합니다. 아멘!

3. 학교 선생님을 위한 성구기도

예수님을 믿지 않는 학교 선생님을 위한 기도

＿＿＿＿＿＿선생님의 눈을 열어 주셔서 어두움에서 빛으로, 사탄의 권세에서 하나님께로 돌아오게 하시고, 죄사함과 예수를 믿어 거룩하게 된 무리 가운데서 기업을 얻게 하옵소서. (사도행전 26:18)

예수님을 믿는 학교 선생님을 위한 기도

평강의 하나님이 모든 선한 일에 ＿＿＿＿＿＿선생님을 온전케 하사 주님의 뜻을 행하게 하시고 그 앞에 즐거운 것을 예수 그리스도로 말미암아 우리 자녀들 속에 이루는 축복의 통로가 되게 하옵소서. (히브리서 13:21)

4. 영역별 중보기도

가정	
학교	
교회	
나라	

마무리

오늘도 구유에 나신 예수님을 더 깊이 알아 갈 수 있도록
우리의 기도를 이끌어 주신 하나님께 감사와 찬양과 영광을 올려드리며
예수님의 이름으로 기도드립니다. 아멘.

chapter 14
푯대 예수: 스코포스

찬양(8분)
이제 푯대이신 예수님을 선포하고 고백하며 찬양하겠습니다.

| 함께 해요 | '푯대'는 헬라어로 '스코포스'입니다. 이 단어는 마라톤 경주에서 최종 종착점에 박힌 깃발을 말합니다. 우리는 인생의 목표로서 우리의 인격 안에 성령의 열매가 맺히기까지 자라야 합니다. 우리의 푯대이신 예수님의 인격을 닮는 것이 우리 인생의 가장 소중한 목표입니다.

- 빌립보서 3:10-11 내가 그리스도와 그 부활의 권능과 그 고난에 참여함을 알고자 하여 그의 죽으심을 본받아 어떻게 해서든지 죽은 자 가운데서 부활에 이르려 하노니

- 빌립보서 3:13-14 형제들아 나는 아직 내가 잡은 줄로 여기지 아니하고 오직 한 일 즉 뒤에 있는 것은 잊어버리고 앞에 있는 것을 잡으려고 푯대를 향하여 그리스도 예수 안에서 하나님이 위에서 부르신 부름의 상을 위하여 달려가노라

- 로마서 15:5 이제 인내와 위로의 하나님이 너희로 그리스도 예수를 본받아 서로 뜻이 같게 하여 주사

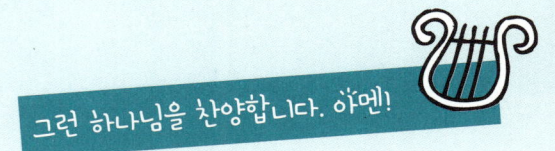

고백(2-3분)

내가 죄를 품고 있으면 하나님은 나의 기도를 듣지 않으세요. 이 시간은 조용히 나의 죄를 고백하는 기도를 하겠습니다.

만일 내가 죄를 고백하면 하나님께서는 신실하시고 의로우심으로 내 죄를 용서하시고 깨끗하게 하신다고 말씀하셨습니다. 이 말씀대로 나의 죄가 예수님의 보혈로 깨끗하게 씻겼음을 믿습니다. 성령님, 이제 나를 온전히 다스리시고 성령으로 충만하게 해주세요. 또한 구하는 자에게 성령 충만을 주신다는 것을 믿고 감사드립니다.

감사(5분)

이 시간은 하나님이 기도 응답을 해주신 것에 대하여 감사기도 드리겠습니다.

나 _____를 위한 감사	친구 _____를 위한 감사

그렇게 하신 하나님께 감사합니다. 아멘!

중보 (10분)

이 시간은 나와 다른 사람들(가족, 친구, 선생님, 교회, 학교, 나라)을 위해 기도하겠습니다.

1. 성구기도

성구기도는 성경 말씀으로 하는 기도입니다. 성경 말씀에 이름을 넣어 기도해 봅시다. 먼저 나의 이름을 넣어 선포한 다음, 친구의 이름을 넣어 선포하겠습니다.

"_____(이)가 오직 한 일 즉 뒤에 있는 것은 잊어버리고 앞에 있는 것을 잡으려고 푯대를 향하여 그리스도 예수 안에서 하나님이 위에서 부르신 부름의 상을 위하여 달려가게 하소서"(빌립보서 3:13-14)

2. 구체적인 기도

나 _____를 위한 구체적인 기도 제목	친구 _____를 위한 구체적인 기도 제목

그렇게 하실 하나님을 기대합니다. 아멘!

3. 학교 선생님을 위한 성구기도

예수님을 믿지 않는 학교 선생님을 위한 기도

＿＿＿＿선생님의 눈을 열어 주셔서 어두움에서 빛으로, 사탄의 권세에서 하나님께로 돌아오게 하시고, 죄사함과 예수를 믿어 거룩하게 된 무리 가운데서 기업을 얻게 하옵소서. (사도행전 26:18)

예수님을 믿는 학교 선생님을 위한 기도

평강의 하나님이 모든 선한 일에 ＿＿＿＿선생님을 온전케 하사 주님의 뜻을 행하게 하시고 그 앞에 즐거운 것을 예수 그리스도로 말미암아 우리들 속에 이루는 축복의 통로가 되게 하옵소서. (히브리서 13:21)

4. 영역별 중보기도

가정	
학교	
교회	
나라	

마무리

오늘도 푯대이신 예수님을 더 깊이 알아 갈 수 있도록
우리의 기도를 이끌어 주신 하나님께 감사와 찬양과 영광을 올려드리며
예수님의 이름으로 기도드립니다. 아멘.

chapter 15

선한 목자 예수

찬양(8분)

이제 선한 목자이신 예수님을 선포하고 고백하며 찬양하겠습니다.

| 함께 해요 | 예수님은 선한 목자입니다. 선한 목자는 양들을 위해 목숨까지도 아끼지 않습니다. 예수님은 양인 우리를 살리기 위해 목숨까지 버리신 선한 목자입니다. 우리를 위해 죽으신 선한 목자 예수님을 찬양합니다.

- 요한복음 10:3 문지기는 그를 위하여 문을 열고 양은 그의 음성을 듣나니 그가 자기 양의 이름을 각각 불러 인도하여 내느니라

- 요한복음 10:10-11 도둑이 오는 것은 도둑질하고 죽이고 멸망시키려는 것뿐이요 내가 온 것은 양으로 생명을 얻게 하고 더 풍성히 얻게 하려는 것이라 나는 선한 목자라 선한 목자는 양들을 위하여 목숨을 버리거니와

- 요한복음 10:14-15 나는 선한 목자라 나는 내 양을 알고 양도 나를 아는 것이 아버지께서 나를 아시고 내가 아버지를 아는 것 같으니 나는 양을 위하여 목숨을 버리노라

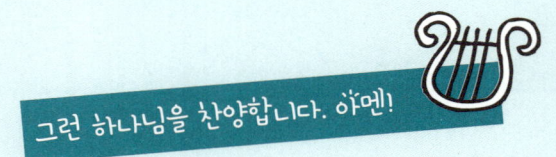

고백 (2-3분)
내가 죄를 품고 있으면 하나님은 나의 기도를 듣지 않으세요. 이 시간은 조용히 나의 죄를 고백하는 기도를 하겠습니다.

만일 내가 죄를 고백하면 하나님께서는 신실하시고 의로우심으로 내 죄를 용서하시고 깨끗하게 하신다고 말씀하셨습니다. 이 말씀대로 나의 죄가 예수님의 보혈로 깨끗하게 씻겼음을 믿습니다. 성령님, 이제 나를 온전히 다스리시고 성령으로 충만하게 해주세요. 또한 구하는 자에게 성령 충만을 주신다는 것을 믿고 감사드립니다.

감사 (5분)
이 시간은 하나님이 기도 응답을 해주신 것에 대하여 감사기도 드리겠습니다.

나 _____ 를 위한 감사	친구 _____ 를 위한 감사

그렇게 하신 하나님께 감사합니다. 아멘!

중보(10분)

이 시간은 나와 다른 사람들(가족, 친구, 선생님, 교회, 학교, 나라)을 위해 기도하겠습니다.

1. 성구기도

성구기도는 성경 말씀으로 하는 기도입니다. 성경 말씀에 이름을 넣어 기도해 봅시다. 먼저 나의 이름을 넣어 선포한 다음, 친구의 이름을 넣어 선포하겠습니다.

"도둑이 오는 것은 도둑질하고 죽이고 멸망시키려는 것뿐이요 내가 온 것은 _____(으)로 생명을 얻게 하고 더 풍성히 얻게 하려는 것이라"(요한복음 10:10)

2. 구체적인 기도

나 _____를 위한 구체적인 기도 제목	친구 _____를 위한 구체적인 기도 제목

그렇게 하실 하나님을 기대합니다. 아멘!

3. 학교 선생님을 위한 성구기도

예수님을 믿지 않는 학교 선생님을 위한 기도

_____선생님의 눈을 열어 주셔서 어두움에서 빛으로, 사탄의 권세에서 하나님께로 돌아오게 하시고, 죄사함과 예수를 믿어 거룩하게 된 무리 가운데서 기업을 얻게 하옵소서. (사도행전 26:18)

예수님을 믿는 학교 선생님을 위한 기도

평강의 하나님이 모든 선한 일에 _____선생님을 온전케 하사 주님의 뜻을 행하게 하시고 그 앞에 즐거운 것을 예수 그리스도로 말미암아 우리 자녀들 속에 이루는 축복의 통로가 되게 하옵소서. (히브리서 13:21)

4. 영역별 중보기도

가정	
학교	
교회	
나라	

마무리

오늘도 선한 목자이신 예수님을 더 깊이 알아 갈 수 있도록
우리의 기도를 이끌어 주신 하나님께 감사와 찬양과 영광을 올려드리며
예수님의 이름으로 기도드립니다. 아멘.

chapter 16

구세주 예수

찬양(8분)

이제 구세주 예수님을 선포하고 고백하며 찬양하겠습니다.

| 함께 해요 | 예수님 외에 그 어떤 사람도 우리를 구원할 수 없습니다. 예수님만이 우리의 유일한 구세주입니다. 예수님만이 죄인인 우리를 위해 십자가에서 죽으심으로 우리의 모든 죄를 사해 주신 분입니다.

- **누가복음 2:11** 오늘 다윗의 동네에 너희를 위하여 구주가 나셨으니 곧 그리스도 주시니라

- **요한복음 14:6** 예수께서 이르시되 내가 곧 길이요 진리요 생명이니 나로 말미암지 않고는 아버지께로 올 자가 없느니라

- **사도행전 5:30-31** 너희가 나무에 달아 죽인 예수를 우리 조상의 하나님이 살리시고 이스라엘에게 회개함과 죄 사함을 주시려고 그를 오른손으로 높이사 임금과 구주로 삼으셨느니라

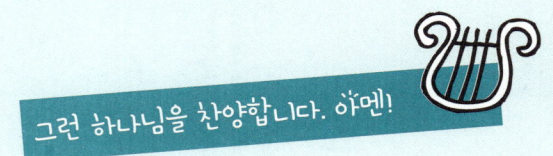

고백 (2-3분)

내가 죄를 품고 있으면 하나님은 나의 기도를 듣지 않으세요. 이 시간은 조용히 나의 죄를 고백하는 기도를 하겠습니다.

만일 내가 죄를 고백하면 하나님께서는 신실하시고 의로우심으로 내 죄를 용서하시고 깨끗하게 하신다고 말씀하셨습니다. 이 말씀대로 나의 죄가 예수님의 보혈로 깨끗하게 씻겼음을 믿습니다. 성령님, 이제 나를 온전히 다스리시고 성령으로 충만하게 해주세요. 또한 구하는 자에게 성령 충만을 주신다는 것을 믿고 감사드립니다.

감사 (5분)

이 시간은 하나님이 기도 응답을 해주신 것에 대하여 감사기도 드리겠습니다.

나 _____를 위한 감사	친구 _____를 위한 감사

그렇게 하신 하나님께 감사합니다. 아멘!

중보(10분)
이 시간은 나와 다른 사람들(가족, 친구, 선생님, 교회, 학교, 나라)을 위해 기도하겠습니다.

1. 성구기도

성구기도는 성경 말씀으로 하는 기도입니다. 성경 말씀에 이름을 넣어 기도해 봅시다. 먼저 나의 이름을 넣어 선포한 다음, 친구의 이름을 넣어 선포하겠습니다.

"다른 이로써는 구원을 받을 수 없나니 천하 사람 중에 구원을 받을 만한 다른 이름을 _____ 에게 주신 일이 없음이라 하였더라"(사도행전 4:12)

2. 구체적인 기도

나 _____ 를 위한 구체적인 기도 제목	친구 _____ 를 위한 구체적인 기도 제목

그렇게 하실 하나님을 기대합니다. 아멘!

3. 학교 선생님을 위한 성구기도

예수님을 믿지 않는 학교 선생님을 위한 기도

_____선생님의 눈을 열어 주셔서 어두움에서 빛으로, 사탄의 권세에서 하나님께로 돌아오게 하시고, 죄사함과 예수를 믿어 거룩하게 된 무리 가운데서 기업을 얻게 하옵소서. (사도행전 26:18)

예수님을 믿는 학교 선생님을 위한 기도

평강의 하나님이 모든 선한 일에 _____선생님을 온전케 하사 주님의 뜻을 행하게 하시고 그 앞에 즐거운 것을 예수 그리스도로 말미암아 우리들 속에 이루는 축복의 통로가 되게 하옵소서. (히브리서 13:21)

4. 영역별 중보기도

가정	
학교	
교회	
나라	

마무리

오늘도 구세주 예수님을 더 깊이 알아 갈 수 있도록
우리의 기도를 이끌어 주신 하나님께 감사와 찬양과 영광을 올려드리며
예수님의 이름으로 기도드립니다. 아멘.

chapter 17

평강의 왕 예수

찬양 (8분)

이제 평강의 왕이신 예수님을 선포하고 고백하며 찬양하겠습니다.

| 함께 해요 | 평강은 평화의 상태입니다. 예수님은 평강의 왕이시며 평화의 사람이셨습니다. 예수님은 십자가에서 죽으심으로 죄인인 우리가 죄 씻음을 받게 하셨고, 하나님과 원수 됨을 끝내셨으며, 구원과 평화를 선물로 주셨습니다.

- 요한복음 14:27 평안을 너희에게 끼치노니 곧 나의 평안을 너희에게 주노라 내가 너희에게 주는 것은 세상이 주는 것과 같지 아니하니라 너희는 마음에 근심하지도 말고 두려워하지도 말라

- 로마서 5:1-2 그러므로 우리가 믿음으로 의롭다 하심을 받았으니 우리 주 예수 그리스도로 말미암아 하나님과 화평을 누리자 또한 그로 말미암아 우리가 믿음으로 서 있는 이 은혜에 들어감을 얻었으며 하나님의 영광을 바라고 즐거워하느니라

- 골로새서 1:20 그의 십자가의 피로 화평을 이루사 만물 곧 땅에 있는 것들이나 하늘에 있는 것들이 그로 말미암아 자기와 화목하게 되기를 기뻐하심이라

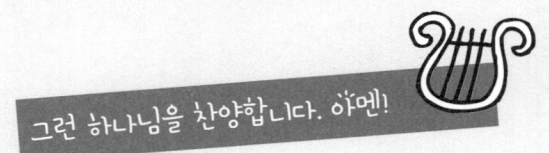

그런 하나님을 찬양합니다. 아멘!

고백(2-3분)

내가 죄를 품고 있으면 하나님은 나의 기도를 듣지 않으세요. 이 시간은 조용히 나의 죄를 고백하는 기도를 하겠습니다.

만일 내가 죄를 고백하면 하나님께서는 신실하시고 의로우심으로 내 죄를 용서하시고 깨끗하게 하신다고 말씀하셨습니다. 이 말씀대로 나의 죄가 예수님의 보혈로 깨끗하게 씻겼음을 믿습니다. 성령님, 이제 나를 온전히 다스리시고 성령으로 충만하게 해주세요. 또한 구하는 자에게 성령 충만을 주신다는 것을 믿고 감사드립니다.

감사(5분)

이 시간은 하나님이 기도 응답을 해주신 것에 대하여 감사기도 드리겠습니다.

나 _____ 를 위한 감사	친구 _____ 를 위한 감사

그렇게 하신 하나님께 감사합니다. 아멘!

중보 (10분)
이 시간은 나와 다른 사람들(가족, 친구, 선생님, 교회, 학교, 나라)을 위해 기도하겠습니다.

1. 성구기도

성구기도는 성경 말씀으로 하는 기도입니다. 성경 말씀에 이름을 넣어 기도해 봅시다. 먼저 나의 이름을 넣어 선포한 다음, 친구의 이름을 넣어 선포하겠습니다.

"평안을 _____에게 끼치노니 곧 나의 평안을 _____에게 주노라 내가 _____에게 주는 것은 세상이 주는 것과 같지 아니하니라 _____은(는) 마음에 근심하지도 말고 두려워하지도 말라"(요한복음 14:27)

2. 구체적인 기도

나 _____를 위한 구체적인 기도 제목	친구 _____를 위한 구체적인 기도 제목

그렇게 하실 하나님을 기대합니다. 아멘!

3. 학교 선생님을 위한 성구기도

예수님을 믿지 않는 학교 선생님을 위한 기도

_____선생님의 눈을 열어 주셔서 어두움에서 빛으로, 사탄의 권세에서 하나님께로 돌아오게 하시고, 죄사함과 예수를 믿어 거룩하게 된 무리 가운데서 기업을 얻게 하옵소서. (사도행전 26:18)

예수님을 믿는 학교 선생님을 위한 기도

평강의 하나님이 모든 선한 일에 _____선생님을 온전케 하사 주님의 뜻을 행하게 하시고 그 앞에 즐거운 것을 예수 그리스도로 말미암아 우리 자녀들 속에 이루는 축복의 통로가 되게 하옵소서. (히브리서 13:21)

4. 영역별 중보기도

가정	
학교	
교회	
나라	

마무리

오늘도 평강의 왕이신 예수님을 더 깊이 알아 갈 수 있도록
우리의 기도를 이끌어 주신 하나님께 감사와 찬양과 영광을 올려드리며
예수님의 이름으로 기도드립니다. 아멘.

chapter 18
교회의 머리 예수

찬양(8분)
이제 교회의 머리이신 예수님을 선포하고 고백하며 찬양하겠습니다.

| 함께 해요 | 교회는 그리스도의 몸이며, 그리스도는 교회의 머리입니다. 그리스도 예수님은 교회의 머리로서 이 땅의 교회 지도자들에게 사역의 방향과 내용을 모두 맡기셨습니다. 예수님이 교회의 머리이심을 인정하고 순종할 때 교회는 질서가 잡히고 평화를 누리며 성장합니다.

- 에베소서 4:15-16 오직 사랑 안에서 참된 것을 하여 범사에 그에게까지 자랄지라 그는 머리니 곧 그리스도라 그에게서 온 몸이 각 마디를 통하여 도움을 받음으로 연결되고 결합되어 각 지체의 분량대로 역사하여 그 몸을 자라게 하며 사랑 안에서 스스로 세우느니라

- 에베소서 1:22-23 또 만물을 그의 발 아래에 복종하게 하시고 그를 만물 위에 교회의 머리로 삼으셨느니라 교회는 그의 몸이니 만물 안에서 만물을 충만하게 하시는 이의 충만함이니라

- 골로새서 1:18 그는 몸인 교회의 머리시라 그가 근본이시요 죽은 자들 가운데서 먼저 나신 이시니 이는 친히 만물의 으뜸이 되려 하심이요

그런 하나님을 찬양합니다. 아멘!

고백(2-3분)

내가 죄를 품고 있으면 하나님은 나의 기도를 듣지 않으세요. 이 시간은 조용히 나의 죄를 고백하는 기도를 하겠습니다.

만일 내가 죄를 고백하면 하나님께서는 신실하시고 의로우심으로 내 죄를 용서하시고 깨끗하게 하신다고 말씀하셨습니다. 이 말씀대로 나의 죄가 예수님의 보혈로 깨끗하게 씻겼음을 믿습니다. 성령님, 이제 나를 온전히 다스리시고 성령으로 충만하게 해주세요. 또한 구하는 자에게 성령 충만을 주신다는 것을 믿고 감사드립니다.

감사(5분)

이 시간은 하나님이 기도 응답을 해주신 것에 대하여 감사기도 드리겠습니다.

나 _____ 를 위한 감사	친구 _____ 를 위한 감사

그렇게 하신 하나님께 감사합니다. 아멘!

중보(10분)

이 시간은 나와 다른 사람들(가족, 친구, 선생님, 교회, 학교, 나라)을 위해 기도하겠습니다.

1. 성구기도

성구기도는 성경 말씀으로 하는 기도입니다. 성경 말씀에 이름을 넣어 기도해 봅시다. 먼저 나의 이름을 넣어 선포한 다음, 친구의 이름을 넣어 선포하겠습니다.

"_____(이)가 오직 사랑 안에서 참된 것을 하여 범사에 그에게까지 자랄지라 그는 머리니 곧 그리스도라"(에베소서 4:15)

2. 구체적인 기도

나 _____를 위한 구체적인 기도 제목	친구 _____를 위한 구체적인 기도 제목

그렇게 하실 하나님을 기대합니다. 아멘!

3. 학교 선생님을 위한 성구기도

예수님을 믿지 않는 학교 선생님을 위한 기도

_____선생님의 눈을 열어 주셔서 어두움에서 빛으로, 사탄의 권세에서 하나님께로 돌아오게 하시고, 죄사함과 예수를 믿어 거룩하게 된 무리 가운데서 기업을 얻게 하옵소서. (사도행전 26:18)

예수님을 믿는 학교 선생님을 위한 기도

평강의 하나님이 모든 선한 일에 _____선생님을 온전케 하사 주님의 뜻을 행하게 하시고 그 앞에 즐거운 것을 예수 그리스도로 말미암아 우리 자녀들 속에 이루는 축복의 통로가 되게 하옵소서. (히브리서 13:2)

4. 영역별 중보기도

가정	
학교	
교회	
나라	

마무리

오늘도 교회의 머리이신 예수님을 더 깊이 알아 갈 수 있도록
우리의 기도를 이끌어 주신 하나님께 감사와 찬양과 영광을 올려드리며
예수님의 이름으로 기도드립니다. 아멘.

chapter 19

하나님의 종 예수: 둘로스

찬양 (8분)

이제 하나님의 종이신 예수님을 선포하고 고백하며 찬양하겠습니다.

| 함께 해요 | 예수님은 천지 만물과 사람들의 주인이셨지만 종으로 사셨습니다. 하나님 아버지께 철저히 순종하는 종으로 사셨고, 백성을 사랑하고 섬기는 종으로 사셨습니다. 하나님 아버지께는 물론이고 사람들의 종으로 섬기며 사신 둘로스 예수님을 찬양합니다.

- **마가복음 10:45** 인자가 온 것은 섬김을 받으려 함이 아니라 도리어 섬기려 하고 자기 목숨을 많은 사람의 대속물로 주려 함이니라

- **빌립보서 2:5-8** 너희 안에 이 마음을 품으라 곧 그리스도 예수의 마음이니 그는 근본 하나님의 본체시나 하나님과 동등됨을 취할 것으로 여기지 아니하시고 오히려 자기를 비워 종의 형체를 가지사 사람들과 같이 되셨고 사람의 모양으로 나타나사 자기를 낮추시고 죽기까지 복종하셨으니 곧 십자가에 죽으심이라

- **빌립보서 2:9-11** 이러므로 하나님이 그를 지극히 높여 모든 이름 위에 뛰어난 이름을 주사 하늘에 있는 자들과 땅에 있는 자들과 땅 아래에 있는 자들로 모든 무릎을 예수의 이름에 꿇게 하시고 모든 입으로 예수 그리스도를 주라 시인하여 하나님 아버지께 영광을 돌리게 하셨느니라

그런 하나님을 찬양합니다. 아멘!

고백(2-3분)

내가 죄를 품고 있으면 하나님은 나의 기도를 듣지 않으세요. 이 시간은 조용히 나의 죄를 고백하는 기도를 하겠습니다.

만일 내가 죄를 고백하면 하나님께서는 신실하시고 의로우심으로 내 죄를 용서하시고 깨끗하게 하신다고 말씀하셨습니다. 이 말씀대로 나의 죄가 예수님의 보혈로 깨끗하게 씻겼음을 믿습니다. 성령님, 이제 나를 온전히 다스리시고 성령으로 충만하게 해주세요. 또한 구하는 자에게 성령 충만을 주신다는 것을 믿고 감사드립니다.

감사(5분)

이 시간은 하나님이 기도 응답을 해주신 것에 대하여 감사기도 드리겠습니다.

나 _____를 위한 감사	친구 _____를 위한 감사

그렇게 하신 하나님께 감사합니다. 아멘!

중보(10분)
이 시간은 나와 다른 사람들(가족, 친구, 선생님, 교회, 학교, 나라)을 위해 기도하겠습니다.

1. 성구기도

성구기도는 성경 말씀으로 하는 기도입니다. 성경 말씀에 이름을 넣어 기도해 봅시다. 먼저 나의 이름을 넣어 선포한 다음, 친구의 이름을 넣어 선포하겠습니다.

"이르시되 아버지여 만일 아버지의 뜻이거든 이 잔을 내게서 옮기시옵소서 그러나 _____(의) 원대로 마시옵고 아버지의 원대로 되기를 원하나이다 하시니"(누가복음 22:42)

2. 구체적인 기도

나 _____를 위한 구체적인 기도 제목	친구 _____를 위한 구체적인 기도 제목

그렇게 하실 하나님을 기대합니다. 아멘!

3. 학교 선생님을 위한 성구기도

예수님을 믿지 않는 학교 선생님을 위한 기도

_____선생님의 눈을 열어 주셔서 어두움에서 빛으로, 사탄의 권세에서 하나님께로 돌아오게 하시고, 죄사함과 예수를 믿어 거룩하게 된 무리 가운데서 기업을 얻게 하옵소서. (사도행전 26:18)

예수님을 믿는 학교 선생님을 위한 기도

평강의 하나님이 모든 선한 일에 _____선생님을 온전케 하사 주님의 뜻을 행하게 하시고 그 앞에 즐거운 것을 예수 그리스도로 말미암아 우리 자녀들 속에 이루는 축복의 통로가 되게 하옵소서. (히브리서 13:21)

4. 영역별 중보기도

가정	
학교	
교회	
나라	

마무리

오늘도 하나님의 종이신 예수님을 더 깊이 알아 갈 수 있도록
우리의 기도를 이끌어 주신 하나님께 감사와 찬양과 영광을 올려드리며
예수님의 이름으로 기도드립니다. 아멘.

chapter 20

부활의 주 예수

찬양(8분)

이제 부활의 주이신 예수님을 선포하고 고백하며 찬양하겠습니다.

| 함께 해요 | 예수님은 사망 권세를 이기고 부활하셨습니다. 부활하심으로 죽음을 멸망시키셨고, 자기를 믿는 모든 사람에게 영원한 생명을 주셨습니다. 이 땅에서 예수님을 구주로 고백하는 모든 사람은 부활의 첫 열매 되신 예수님을 따라서 부활의 영광을 누리게 될 것입니다. 부활의 주가 되시는 예수님만이 우리의 참 소망입니다.

- 마가복음 16:6 청년이 이르되 놀라지 말라 너희가 십자가에 못 박히신 나사렛 예수를 찾는구나 그가 살아나셨고 여기 계시지 아니하니라 보라 그를 두었던 곳이니라

- 사도행전 5:30-31 너희가 나무에 달아 죽인 예수를 우리 조상의 하나님이 살리시고 이스라엘에게 회개함과 죄 사함을 주시려고 그를 오른손으로 높이사 임금과 구주로 삼으셨느니라

- 고린도전서 15:12 그리스도께서 죽은 자 가운데서 다시 살아나셨다 전파되었거늘 너희 중에서 어떤 사람들은 어찌하여 죽은 자 가운데서 부활이 없다 하느냐

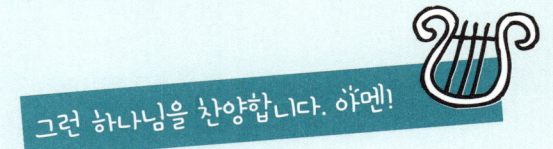

고백 (2-3분)

내가 죄를 품고 있으면 하나님은 나의 기도를 듣지 않으세요. 이 시간은 조용히 나의 죄를 고백하는 기도를 하겠습니다.

만일 내가 죄를 고백하면 하나님께서는 신실하시고 의로우심으로 내 죄를 용서하시고 깨끗하게 하신다고 말씀하셨습니다. 이 말씀대로 나의 죄가 예수님의 보혈로 깨끗하게 씻겼음을 믿습니다. 성령님, 이제 나를 온전히 다스리시고 성령으로 충만하게 해주세요. 또한 구하는 자에게 성령 충만을 주신다는 것을 믿고 감사드립니다.

감사 (5분)

이 시간은 하나님이 기도 응답을 해주신 것에 대하여 감사기도 드리겠습니다.

나 _____를 위한 감사	친구 _____를 위한 감사

그렇게 하신 하나님께 감사합니다. 아멘!

중보(10분)
이 시간은 나와 다른 사람들(가족, 친구, 선생님, 교회, 학교, 나라)을 위해 기도하겠습니다.

1. 성구기도

성구기도는 성경 말씀으로 하는 기도입니다. 성경 말씀에 이름을 넣어 기도해 봅시다. 먼저 나의 이름을 넣어 선포한 다음, 친구의 이름을 넣어 선포하겠습니다.

"그리스도께서 죽은 자 가운데서 다시 살아나신 것을 _____(이)가 믿게 하소서"(고린도전서 15:12)

2. 구체적인 기도

나 _____를 위한 구체적인 기도 제목	친구 _____를 위한 구체적인 기도 제목

그렇게 하실 하나님을 기대합니다. 아멘!

3. 학교 선생님을 위한 성구기도

예수님을 믿지 않는 학교 선생님을 위한 기도

＿＿＿＿＿＿선생님의 눈을 열어 주셔서 어두움에서 빛으로, 사탄의 권세에서 하나님께로 돌아오게 하시고, 죄사함과 예수를 믿어 거룩하게 된 무리 가운데서 기업을 얻게 하옵소서. (사도행전 26:18)

예수님을 믿는 학교 선생님을 위한 기도

평강의 하나님이 모든 선한 일에 ＿＿＿＿＿＿선생님을 온전케 하사 주님의 뜻을 행하게 하시고 그 앞에 즐거운 것을 예수 그리스도로 말미암아 우리들 속에 이루는 축복의 통로가 되게 하옵소서. (히브리서 13:21)

4. 영역별 중보기도

가정	
학교	
교회	
나라	

마무리

오늘도 부활의 주이신 예수님을 더 깊이 알아 갈 수 있도록
우리의 기도를 이끌어 주신 하나님께 감사와 찬양과 영광을 올려드리며
예수님의 이름으로 기도드립니다. 아멘.

chapter 21

심판주 예수

찬양(8분)

이제 심판주이신 예수님을 선포하고 고백하며 찬양하겠습니다.

| 함께 해요 | 예수님은 예수님을 믿는 사람들을 끝까지 책임지고 돌보시는 주님입니다. 하지만 동시에 불법을 행하고 예수님을 믿지 않는 사람들을 심판하시는 심판의 주님입니다.

- 요한복음 9:39 예수께서 이르시되 내가 심판하러 이 세상에 왔으니 보지 못하는 자들은 보게 하고 보는 자들은 맹인이 되게 하려 함이라 하시니

- 요한계시록 16:5 내가 들으니 물을 차지한 천사가 이르되 전에도 계셨고 지금도 계신 거룩하신 이여 이렇게 심판하시니 의로우시도다

- 요한계시록 22:12 보라 내가 속히 오리니 내가 줄 상이 내게 있어 각 사람에게 그가 행한 대로 갚아 주리라

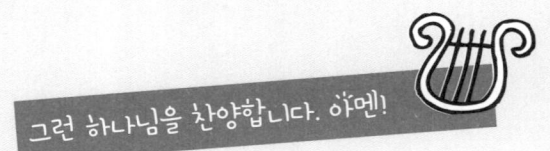

고백 (2-3분)

내가 죄를 품고 있으면 하나님은 나의 기도를 듣지 않으세요. 이 시간은 조용히 나의 죄를 고백하는 기도를 하겠습니다.

만일 내가 죄를 고백하면 하나님께서는 신실하시고 의로우심으로 내 죄를 용서하시고 깨끗하게 하신다고 말씀하셨습니다. 이 말씀대로 나의 죄가 예수님의 보혈로 깨끗하게 씻겼음을 믿습니다. 성령님, 이제 나를 온전히 다스리시고 성령으로 충만하게 해주세요. 또한 구하는 자에게 성령 충만을 주신다는 것을 믿고 감사드립니다.

감사 (5분)

이 시간은 하나님이 기도 응답을 해주신 것에 대하여 감사기도 드리겠습니다.

나 _____를 위한 감사	친구 _____를 위한 감사

그렇게 하신 하나님께 감사합니다. 아멘!

중보(10분)

이 시간은 나와 다른 사람들(가족, 친구, 선생님, 교회, 학교, 나라)을 위해 기도하겠습니다.

1. 성구기도

    성구기도는 성경 말씀으로 하는 기도입니다. 성경 말씀에 이름을 넣어 기도해 봅시다. 먼저 나의 이름을 넣어 선포한 다음, 친구의 이름을 넣어 선포하겠습니다.

    "보라 내가 속히 오리니 내가 줄 상이 내게 있어 _____에게 _____ (이)가 행한 대로 갚아 주리라"(요한계시록 22:12)

2. 구체적인 기도

나 _____를 위한 구체적인 기도 제목	친구 _____를 위한 구체적인 기도 제목

그렇게 하실 하나님을 기대합니다. 아멘!

3. 학교 선생님을 위한 성구기도

예수님을 믿지 않는 학교 선생님을 위한 기도

_____선생님의 눈을 열어 주셔서 어두움에서 빛으로, 사탄의 권세에서 하나님께로 돌아오게 하시고, 죄사함과 예수를 믿어 거룩하게 된 무리 가운데서 기업을 얻게 하옵소서. (사도행전 26:18)

예수님을 믿는 학교 선생님을 위한 기도

평강의 하나님이 모든 선한 일에 _____선생님을 온전케 하사 주님의 뜻을 행하게 하시고 그 앞에 즐거운 것을 예수 그리스도로 말미암아 우리 자녀들 속에 이루는 축복의 통로가 되게 하옵소서. (히브리서 13:21)

4. 영역별 중보기도

가정	
학교	
교회	
나라	

마무리

오늘도 심판주이신 예수님을 더 깊이 알아 갈 수 있도록
우리의 기도를 이끌어 주신 하나님께 감사와 찬양과 영광을 올려드리며
예수님의 이름으로 기도드립니다. 아멘.

chapter 22

창시자 예수: 아르케오스

찬양(8분)
이제 창시자이신 예수님을 선포하고 고백하며 찬양하겠습니다.

| 함께 해요 | '창시자'(아르케오스)는 개척자로서 선두에 서서 다른 사람이 따라오도록 앞서가는 사람을 의미합니다. 예수님은 십자가에서 우리를 위해 구원의 길과 천국의 문을 여셨습니다. 이 땅에 구원의 방주인 교회를 개척하신 예수님은 믿음의 주인, 즉 믿음의 창시자입니다.

- 요한복음 1:2-3 그가 태초에 하나님과 함께 계셨고 만물이 그로 말미암아 지은 바 되었으니 지은 것이 하나도 그가 없이는 된 것이 없느니라

- 히브리서 2:10 그러므로 만물이 그를 위하고 또한 그로 말미암은 이가 많은 아들들을 이끌어 영광에 들어가게 하시는 일에 그들의 구원의 창시자를 고난을 통하여 온전하게 하심이 합당하도다

- 히브리서 12:2 믿음의 주요 또 온전하게 하시는 이인 예수를 바라보자 그는 그 앞에 있는 기쁨을 위하여 십자가를 참으사 부끄러움을 개의치 아니하시더니 하나님 보좌 우편에 앉으셨느니라

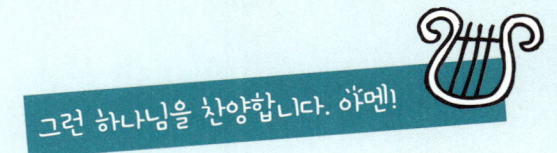

고백(2-3분)
내가 죄를 품고 있으면 하나님은 나의 기도를 듣지 않으세요. 이 시간은 조용히 나의 죄를 고백하는 기도를 하겠습니다.

만일 내가 죄를 고백하면 하나님께서는 신실하시고 의로우심으로 내 죄를 용서하시고 깨끗하게 하신다고 말씀하셨습니다. 이 말씀대로 나의 죄가 예수님의 보혈로 깨끗하게 씻겼음을 믿습니다. 성령님, 이제 나를 온전히 다스리시고 성령으로 충만하게 해주세요. 또한 구하는 자에게 성령 충만을 주신다는 것을 믿고 감사드립니다.

감사(5분)
이 시간은 하나님이 기도 응답을 해주신 것에 대하여 감사기도 드리겠습니다.

나 _____를 위한 감사	친구 _____를 위한 감사

그렇게 하신 하나님께 감사합니다. 아멘!

중보(10분)

이 시간은 나와 다른 사람들(가족, 친구, 선생님, 교회, 학교, 나라)을 위해 기도하겠습니다.

1. 성구기도

성구기도는 성경 말씀으로 하는 기도입니다. 성경 말씀에 이름을 넣어 기도해 봅시다. 먼저 나의 이름을 넣어 선포한 다음, 친구의 이름을 넣어 선포하겠습니다.

"생명의 주를 죽였도다 그러나 하나님이 죽은 자 가운데서 그를 살리셨으니 _____(이)가 이 일에 증인이라"(사도행전 3:15)

2. 구체적인 기도

나 _____를 위한 구체적인 기도 제목	친구 _____를 위한 구체적인 기도 제목

그렇게 하실 하나님을 기대합니다. 아멘!

3. 학교 선생님을 위한 성구기도

예수님을 믿지 않는 학교 선생님을 위한 기도

_____선생님의 눈을 열어 주셔서 어두움에서 빛으로, 사탄의 권세에서 하나님께로 돌아오게 하시고, 죄사함과 예수를 믿어 거룩하게 된 무리 가운데서 기업을 얻게 하옵소서. (사도행전 26:18)

예수님을 믿는 학교 선생님을 위한 기도

평강의 하나님이 모든 선한 일에 _____선생님을 온전케 하사 주님의 뜻을 행하게 하시고 그 앞에 즐거운 것을 예수 그리스도로 말미암아 우리들 속에 이루는 축복의 통로가 되게 하옵소서. (히브리서 13:21)

4. 영역별 중보기도

가정	
학교	
교회	
나라	

마무리

오늘도 창시자이신 예수님을 더 깊이 알아 갈 수 있도록
우리의 기도를 이끌어 주신 하나님께 감사와 찬양과 영광을 올려드리며
예수님의 이름으로 기도드립니다. 아멘.

chapter 23
견고한 망대이신 하나님: 믹달오즈

찬양(8분)
이제 견고한 망대이신 하나님을 선포하고 고백하며 찬양하겠습니다.

| 함께 해요 | 하나님은 우리가 어렵고 힘든 일을 겪을 때 우리의 피난처와 견고한 망대와 방패가 되셔서 우리를 보호하시고 안전하게 돌보십니다.

- 창세기 15:1 이후에 여호와의 말씀이 환상 중에 아브람에게 임하여 이르시되 아브람아 두려워하지 말라 나는 네 방패요 너의 지극히 큰 상급이니라

- 사무엘하 22:1-3 여호와께서 다윗을 모든 원수의 손과 사울의 손에서 구원하신 그날에 다윗이 이 노래의 말씀으로 여호와께 아뢰어 이르되 여호와는 나의 반석이시요 나의 요새시요 나를 위하여 나를 건지시는 자시요 내가 피할 나의 반석의 하나님이시요 나의 방패시요 나의 구원의 뿔이시요 나의 높은 망대시요 그에게 피할 나의 피난처시요 나의 구원자시라 나를 폭력에서 구원하셨도다

- 시편 91:9-11 네가 말하기를 여호와는 나의 피난처시라 하고 지존자를 너의 거처로 삼았으므로 화가 네게 미치지 못하며 재앙이 네 장막에 가까이 오지 못하리니 그가 너를 위하여 그의 천사들을 명령하사 네 모든 길에서 너를 지키게 하심이라

그런 하나님을 찬양합니다. 아멘!

고백(2-3분)

내가 죄를 품고 있으면 하나님은 나의 기도를 듣지 않으세요. 이 시간은 조용히 나의 죄를 고백하는 기도를 하겠습니다.

만일 내가 죄를 고백하면 하나님께서는 신실하시고 의로우심으로 내 죄를 용서하시고 깨끗하게 하신다고 말씀하셨습니다. 이 말씀대로 나의 죄가 예수님의 보혈로 깨끗하게 씻겼음을 믿습니다. 성령님, 이제 나를 온전히 다스리시고 성령으로 충만하게 해주세요. 또한 구하는 자에게 성령 충만을 주신다는 것을 믿고 감사드립니다.

감사(5분)

이 시간은 하나님이 기도 응답을 해주신 것에 대하여 감사기도 드리겠습니다.

나 _____를 위한 감사	친구 _____를 위한 감사

그렇게 하신 하나님께 감사합니다. 아멘!

중보(10분)

이 시간은 나와 다른 사람들(가족, 친구, 선생님, 교회, 학교, 나라)을 위해 기도하겠습니다.

1. 성구기도

성구기도는 성경 말씀으로 하는 기도입니다. 성경 말씀에 이름을 넣어 기도해 봅시다. 먼저 나의 이름을 넣어 선포한 다음, 친구의 이름을 넣어 선포하겠습니다.

"_____은(는) 여호와를 향하여 말하기를 그는 _____의 피난처요 _____의 요새요 _____(이)가 의뢰하는 하나님이라 하리니"(시편 91:2)

2. 구체적인 기도

나 _____를 위한 　　　친구 _____를 위한
구체적인 기도 제목 　　　　구체적인 기도 제목

그렇게 하실 하나님을 기대합니다. 아멘!

3. 학교 선생님을 위한 성구기도

예수님을 믿지 않는 학교 선생님을 위한 기도

_____선생님의 눈을 열어 주셔서 어두움에서 빛으로, 사탄의 권세에서 하나님께로 돌아오게 하시고, 죄사함과 예수를 믿어 거룩하게 된 무리 가운데서 기업을 얻게 하옵소서. (사도행전 26:18)

예수님을 믿는 학교 선생님을 위한 기도

평강의 하나님이 모든 선한 일에 _____선생님을 온전케 하사 주님의 뜻을 행하게 하시고 그 앞에 즐거운 것을 예수 그리스도로 말미암아 우리들 속에 이루는 축복의 통로가 되게 하옵소서. (히브리서 13:21)

4. 영역별 중보기도

가정	
학교	
교회	
나라	

마무리

오늘도 견고한 망대이신 하나님을 더 깊이 알아 갈 수 있도록
우리의 기도를 이끌어 주신 하나님께 감사와 찬양과 영광을 올려드리며
예수님의 이름으로 기도드립니다. 아멘.

chapter 24

살아 계신 하나님: 엘 차이

찬양(8분)
이제 살아 계신 하나님을 선포하고 고백하며 찬양하겠습니다.

| 함께 해요 | '엘 차이'의 하나님은 살아 계신 하나님으로서 천지 만물을 창조하시고, 우리 생명의 근원이 되십니다. 하나님은 죽은 나무나 돌로 만든 우상과 달리 살아 계셔서 하나님의 자녀인 우리와 함께하시며 우리의 기도를 귀 기울여 들으십니다.

- **여호수아 3:9-10상** 여호수아가 이스라엘 자손에게 이르되 이리 와서 너희의 하나님 여호와의 말씀을 들으라 하고 또 말하되 살아 계신 하나님이 너희 가운데에 계시사

- **열왕기하 19:15-16** 그 앞에서 히스기야가 기도하여 이르되 그룹들 위에 계신 이스라엘의 하나님 여호와여 주는 천하 만국에 홀로 하나님이시라 주께서 천지를 만드셨나이다 여호와여 귀를 기울여 들으소서 여호와여 눈을 떠서 보시옵소서 산헤립이 살아 계신 하나님을 비방하러 보낸 말을 들으시옵소서

- **마태복음 16:15-16** 이르시되 너희는 나를 누구라 하느냐 시몬 베드로가 대답하여 이르되 주는 그리스도시요 살아 계신 하나님의 아들이시니이다

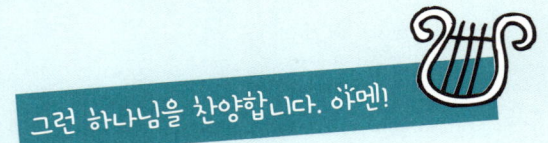

고백 (2-3분)

내가 죄를 품고 있으면 하나님은 나의 기도를 듣지 않으세요. 이 시간은 조용히 나의 죄를 고백하는 기도를 하겠습니다.

만일 내가 죄를 고백하면 하나님께서는 신실하시고 의로우심으로 내 죄를 용서하시고 깨끗하게 하신다고 말씀하셨습니다. 이 말씀대로 나의 죄가 예수님의 보혈로 깨끗하게 씻겼음을 믿습니다. 성령님, 이제 나를 온전히 다스리시고 성령으로 충만하게 해주세요. 또한 구하는 자에게 성령 충만을 주신다는 것을 믿고 감사드립니다.

감사 (5분)

이 시간은 하나님이 기도 응답을 해주신 것에 대하여 감사기도 드리겠습니다.

나 _____를 위한 감사	친구 _____를 위한 감사

그렇게 하신 하나님께 감사합니다. 아멘!

중보(10분)

이 시간은 나와 다른 사람들(가족, 친구, 선생님, 교회, 학교, 나라)을 위해 기도하겠습니다.

1. 성구기도

성구기도는 성경 말씀으로 하는 기도입니다. 성경 말씀에 이름을 넣어 기도해 봅시다. 먼저 나의 이름을 넣어 선포한 다음, 친구의 이름을 넣어 선포하겠습니다.

"_____은(는) 나를 누구라 하느냐 _____(이)가 대답하여 이르되 주는 그리스도시요 살아 계신 하나님의 아들이시니이다"(마태복음 16:15-16)

2. 구체적인 기도

나 _____를 위한 구체적인 기도 제목	친구 _____를 위한 구체적인 기도 제목

그렇게 하실 하나님을 기대합니다. 아멘!

3. 학교 선생님을 위한 성구기도

예수님을 믿지 않는 학교 선생님을 위한 기도

_____선생님의 눈을 열어 주셔서 어두움에서 빛으로, 사탄의 권세에서 하나님께로 돌아오게 하시고, 죄사함과 예수를 믿어 거룩하게 된 무리 가운데서 기업을 얻게 하옵소서. (사도행전 26:18)

예수님을 믿는 학교 선생님을 위한 기도

평강의 하나님이 모든 선한 일에 _____선생님을 온전케 하사 주님의 뜻을 행하게 하시고 그 앞에 즐거운 것을 예수 그리스도로 말미암아 우리들 속에 이루는 축복의 통로가 되게 하옵소서. (히브리서 13:21)

4. 영역별 중보기도

가정	
학교	
교회	
나라	

마무리

오늘도 살아 계신 하나님을 더 깊이 알아 갈 수 있도록
우리의 기도를 이끌어 주신 하나님께 감사와 찬양과 영광을 올려드리며
예수님의 이름으로 기도드립니다. 아멘.

복음전도문

순서	팔찌 색깔	어린이 전도 훈련– 복음 제시
1	도입	_____야! 아무리 바빠도 지금 나에게 5분만 시간을 내어줘 부탁이야. (그게 뭔데?) 내 이야기를 듣고 나면 복음 팔찌를 선물로 줄게.
2	황금색	이 팔찌는 무슨 색이니? 맞아. 노란색이라고도 하고 또는 황금색이라고도 해. 황금색은 바로 천국을 나타내는 색이야. 천국은 하나님이 계시는 곳으로, 너무나 아름답고 좋은 곳이란다. 천국에는 황금성과 황금길 그리고 생명나무와 생명수 강이 있어. 그리고 눈물, 아픔, 슬픔, 질병, 죽음이 없는 곳이며, 무엇보다도 죄가 없는 곳이야. 하나님은 우리를 사랑하시고, 우리를 위한 특별한 계획을 가지고 계시는데 그것은 바로 아름답고 행복한 천국에서 영원히 하나님과 함께 사는 거란다. 하지만 우리는 천국에 들어갈 수가 없단다. 왜냐하면 바로 이것 때문이지.
3	검정색	이 팔찌는 무슨 색이니? 맞아. 검정색이야. 검정색은 우리의 죄를 나타내고 있어. 우리는 태어날 때부터 죄인이야. 그래서 부모님, 선생님이 가르쳐 주지 않았는데도 시기하고, 질투하고, 따돌리고, 미워하고, 싸우고, 거짓말하고, 욕하고, 짜증내고, 화내며 나쁜 죄를 짓는 거야. 그런데 친구야, 우리는 죄 때문에 천국에 들어갈 수가 없단다. 더 무서운 것은 죄에 대한 벌이 있는데, 그것은 꺼지지 않는 지옥불에서 영원히 고통을 당하는 거야. 그러면 우리가 지은 죄를 어떻게 해결할 수 있을까? 죄인인 우리는 절대로 죄를 해결할 수 없어.
4	빨강색	이 팔찌는 무슨 색이니? 맞아. 빨강색이야. 빨강색은 예수님이 흘리신 피를 나타내는 색이야. 예수님이 우리의 죄를 용서하시기 위해 십자가에서 죽으신 것을 말하는 거야. 우리의 힘과 노력으로는 절대로 죄를 해결할 수가 없어. 아무리 공부를 많이 하고, 돈을 많이 벌고, 착한 일을 해도 죄를 해결할 수는 없단다. 오직 하나님만이 해결하실 수 있어. 하나님은 우리를 너무나 사랑하시지만 우리 죄는 반드시 벌하셔야 해. 왜냐하면 하나님은 공의의 하나님이시기 때문이야. 그래서 우리가 지은 죄의 벌을 예수님이 십자가에서 죽으심으로 대신 다 받으셨어. 친구야, 죄를 용서받고 천국에 들어가고 싶지 않니?

5	흰색	이 팔찌는 무슨 색이니? 맞아. 흰색이야. 흰색은 죄를 용서받아 깨끗하게 되는 것을 나타내는 색이야. 예수님을 마음으로 믿으면, 죄를 용서받고 하나님의 자녀가 되어 천국에도 들어갈 수 있어. _____야, 지금 예수님을 믿고 죄를 용서받고 싶다면 나를 따라서 기도해 봐. ♥영접기도문♥ 하나님 아버지 나를 위해 예수님을 보내 주셔서 감사합니다. 예수님이 십자가에 죽으심으로 나의 죄를 깨끗하게 하심을 감사합니다. 지금 내 마음에 들어오셔서 예수님의 피로 나의 죄를 용서해 주시고 영원토록 나와 함께해 주세요. 예수님의 이름으로 기도드립니다. 아멘.
6	초록색	이 팔찌는 무슨 색이니? 맞아. 초록색이야. 초록색은 나무가 자라듯이 성장하는 것을 나타내는 색이야. 하나님의 자녀가 된다는 것은 오직 하나님만을 섬기는 것이야. 그리고 하나님의 자녀들은 날마다 하나님을 믿는 믿음이 자라 가야 해. 친구야, 어떻게 하면 우리의 믿음이 자랄 수 있을까? 가장 먼저, 하나님을 섬기는 교회에 나와야 해. 주일(일요일)날 교회에 나와서 우리를 죄에서 구원해 주시고, 하나님의 자녀삼아 주신 것을 감사하며 예배를 드려야 해.
7	마무리	_____야! 하나님의 자녀가 된 것을 진심으로 축하해. 오는 주일(일요일)에 나와 함께 _____교회 주일학교에 같이 가자! ♣ 복음 제시 후 바로 친구와 약속 정하기 → 토요일에 전화해서 만날 시간과 장소를 확인하기 → 주일날 교회에 같이 오기